JN093946

不動産証券化ビジネスの教科書

Introduction to
Real estate
Securitization
Valuation practice

[バリュエーション実務入門]

竹永　良典 著
飛鳥リアルエステート
アドバイザリー株式会社 編著

秀和システム

はじめに

バリュエーションは不動産証券化ビジネスの起点となる実務です。それはアセットマネジメント会社、投資家等のエクイティプレイヤーでも、銀行、リース会社等のデットプレイヤーでも変わりません。まず投資または融資の対象となる物件のバリュエーションがあり、そのバリュエーションに基づく意思決定があり、投融資の実行、期中運用、エグジットというプロセスをたどります。かかる投融資をいったん実行してしまえば、後戻りはできません。それが成功であろうと失敗であろうと、意思決定の責任をとらなければなりません。期中運用がうまくいかなくても、エグジットを迎えなければエクイティは戻りません。市況が変わったとしても、(期限の利益喪失事由が生じない限り) デットを引き上げることはできません。

バリュエーションはその意思決定の基礎となるものですので、投融資において極めて重要な業務ですが、そのやり方には各社で差が大きいようです。また、精緻を極めたバリュエーションを目指しても、そこには自ずと限界があります。これは各プレイヤーに、情報の完全性の問題、マーケットの問題、さらには各プレイヤーの置かれた状況の問題があるためです。さらに誤ったバリュエーションを行うべきでないことは当然ですが、困ったことに、誤っているわけではないけれども潜在的にリスクを負担してしまっているバリュエーションも存在します。これを意図せず用いてしまうと、意志決定自体が歪み、誤った結論に至ることさえ生じかねません。

本書はバリュエーションを担う皆さまと、これを利用する皆さまに対して、作成上・利用上の瑕疵回避のための助言を行うものです。そして皆さまの意思決定が最適化されることの一助となることを目的としています。

なお、本書ではオフィスおよびレジデンスの評価方法を紹介しています。これらの用途は伝統的に投資の対象とされてきたものであり、その他用途のバリュエーションにおいても基礎となるものであるためです。

2024年1月

飛鳥リアルエステートアドバイザリー株式会社
不動産鑑定士　　竹永　良典

目次

第2章　DC 法の適用

第3章　収支項目の査定

第4章　CAP レートの査定

第5章 バリュエーションの側面から見た物件取得の流れ

第6章　鑑定評価書の確認

第１章

バリュエーションの基本的理解

不動産の投資スタイルは大きく分けて、コア、バリューアッド、オポチュニスティックがあります。そして投資に対するリターンを示す指標には ROE、COC、IRR などがあります。まず本章では各投資スタイルや指標値とバリュエーションの結びつきを見ていきます。

1-1 投資スタイル

投資スタイルには、大きく分けてコア、バリューアッド、オポチュニスティックがあります。もっと細分する考え方もありますが、バリュエーションとの関係を見るにはこの3分類でおおむね足ります。各投資スタイルに対するエクイティの要求リターンには、次のような関係があります。

コア ＜ バリューアッド ＜ オポチュニスティック

各投資スタイルによって、バリュエーションの位置づけは大きく異なります。バリュエーションが極めて重要な位置づけを持つ投資スタイルと、割とそうでもないと扱われがちな（そのスタンスがいいか悪いかはともかくとして）投資スタイルとがあります。

■コア

コア投資は、インカムリターンを中心とする投資スタイルです。低リスクが選好され、年金や金融機関などが主たる投資家となります。運用形態としては、リートやコア型の私募ファンドなどが該当します。

この投資スタイルでは、毎期の分配金利回りが重視され、投資指標としては主にROE*が用いられます。物件取得時には、「当該物件を取得することで得られる分配金利回りがどの程度になるか」が最重要視されます。

分配金利回りは、物件のキャッシュフロー予測をモデルに落とし込むことで計算します。結果として求められる分配金利回りが、目標値を満たすのであれば投資適格、これに足りなければ投資不適格となります。

---

* **ROE**：Return on Equityの略。1-3節参照。

分配金利回りについて、一定の目標値（例えば私募リートであれば、分配金利回りとして3.5～4.0%程度）を持ち、この分配金を出せる金額が（彼らにとって）適正な価格となります。

分配金はNOIやNCFといった不動産収支のほかに、減価償却費の大小や調達するローンにかかる利息負担の大小の影響を受けます。しかし、いくら工夫をしたとしても、NOI利回りが3%の物件で4%の分配金利回りを作ることはできません（理論的にはレバレッジの調整により可能ですが、事実上求められる**LTV**＊の水準やその他運用コストを踏まえると現実的ではありません）。よって、市場が過熱し、取引利回りが特定の水準以下になった場合、この投資スタイルでは、物件取得が停滞しがちです。

Column　コア投資とバリュエーション

ある投資法人運用会社において、「バリュエーションは必要か？」という議論がなされたことがあります。すなわち、「価格は売り希望価格で決まっており、買主としての投資法人は、当該物件の収支によって分配金を作れるか否かで投資の意思判断をしている。とした場合、買主価格の登場する余地はなく、買主において（中長期的な運営収支の見立ては行うにしても）バリュエーションを行う必要性は乏しいのではないか」というものでした。この考え方もよくわかります。事実上「買うか買わないか」の判断しか買主にはなし得ません（もちろん価格交渉の余地はあります）。そしてコア型の投資スタイルでは、キャピタルゲインは基本的にキャッシュフローに織り込まないので、出口価格としての物件価格を評価し、モデルに落とし込む必要もありません。

しかし、たとえ投資法人であっても、売却のタイミングは必ず（相当の将来にせよ）訪れます。そしてその際に売却損が生じてはいけません。取得価格が適正価格を上回る場合、キャピタルロスが生じる可能性は当然に高まります。その点で、投資法人においても、適正価格で取得することは大前提であり、そのためにはバリュエーションが必要となります。

＊ **LTV**：Loan to Valueの略。物件評価額に対するローンの掛け目を意味する。

■バリューアッド

バリューアッドは、NOI上昇や、CAPレート低下につながる施策を講じ、その実現によってキャピタルゲインを取得する投資スタイルです。減価の原因となっているバリューファクターを発見し、これを解消することによって利益を得る手法ともいえます。

例えば、築古で、建築後積極的な更新が行われていない物件があったとします。この場合、エントランスや共用部（トイレなど）につき、陳腐化や劣化が生じていることが多くあります。こうした陳腐化等は、当該物件の賃貸市場・売買市場における競争力低下の原因となります。反対にいえば、これを取り除くことによって、競争力回復は可能となるはずです。そして競争力回復の効果は、賃料の上昇や費用の低下、これらに伴うNOIの上昇、CAPレート低下等として具体的に発生します。そして、その効果が投下資本を上回れば、そこに利益が発生します。

例えば、

現状のNOI	：100
リニューアル後のNOI	：120
CAPレート	：4%
工事費	：200（エントランス改修コストなど）

とすると、バリューアッドによる利益は次のようになります。

工事後の価格	：	3,000	（∵* NOI 120 ÷ CAPレート 4%）
Δ工事前の価格	：	2,500	（∵ NOI 100 ÷ CAPレート 4%）
Δ工事費	：	200	
＝利益		300	

※簡略化のため、上記計算例では割引現在価値化等は考慮しない。

＊∵：論理記号の「なぜなら」。

コアに比べて想定事項が増え、リスク負担を伴います。しかし、何にベットするかが明らかであり、その根拠（前記の場合にはリニューアル後のNOI）を事例資料等により備えることも比較的容易です。よって、コア投資よりもリスク負担は大きい（≒高いリターンが求められる）ものの、オポチュニスティック投資よりリスク負担は小さい（≒高いリターンは求められない）、という関係性を持ちます。

バリューアッドは、コア投資の一環として行われることもありますし（例えば、コア投資であるリートが、一定のリニューアルを前提として、投下資本額とその効果としてのNOIの向上を見込んだうえで物件取得する場合など）、オポチュニスティック投資の一環として行われることもあります（キャピタルゲイン獲得のための方策としてバリューアッドに基づくNOI向上を想定する場合など）。

■オポチュニスティック

オポチュニスティックは、主にキャピタルゲイン獲得を目的とする投資スタイルです。キャピタルゲインは取得価格と売却価格との差額にほかなりませんので、「いくらで売却できるか」の出口想定が、シナリオ上極めて肝要となります。この投資スタイルでは、出口価格の査定としてバリュエーションが用いられます。明確に出口がありますので、他の投資スタイルとの比較において、バリュエーションが最も重視されることとなります。投資基準としては主に**IRR***が用いられ、15～20%程度がターゲットとされます。

＊ IRR：1-3節参照。

Column　賃料ギャップの利益は誰のもの？

既存賃料はマーケットに即応して動きませんので、賃料上昇期には**賃料ギャップ**は発生してしまいます。そのため、既存賃料に基づくNOIと、市場賃料に基づくNOIとの間に乖離（かいり）が生じることが少なくありません。そして、賃料ギャップをどうとらえるかで価格は大きく影響を受けます。

ある投資責任者は「最近は競争が進みすぎて、市場賃料を前提として物件売却しようとする先が増えて困ってるんだよね」と言います。正の賃料ギャップがある場合、それはNOI上昇余地がある物件といえます。とした場合、その期待値も含めて物件を売却したいという売主の考えも理解できます。一方で、賃料ギャップ解消のためには、賃料増額交渉やリテナントなど、労力と期間を要します。一定の賃料増額はできたとしも、一気に市場賃料まで持っていくことは困難です（最終手段たる裁判手続き上は「継続賃料」の概念が用いられるため）。現実的に行える賃料ギャップの解消は、「契約更新期ごとに数%ずつ」であるとか「+500円/月坪」であるとかの小刻みなものです。もちろん、リテナント発生時には一気に市場賃料に回帰します。しかし、リテナントをもくろんでも、うまく既存テナントが退去してくれるとは限りません。その時期は予見困難であり、5年後かもしれませんし、10年後かもしれません。15年後もあり得ることです。いずれにせよ、賃貸人側でリテナントの時期をコントロールすることはできません。さらには、リテナントが発生したタイミングでのマーケットが維持されているとも限りません。賃料ギャップは、取引時点において発生している賃料差にすぎません。

賃料ギャップがある場合に市場賃料を前提として投資を行うことは、不確実性に伴うリスクを負担することにほかなりません。市場が過熱しているときには「賃料ギャップが生じているのでバリューアップ余地がありますよ。市場賃料ベースでの価格○○円ですので、当該価格で検討してください」というような売り方が多くなります。しかし、これは明らかに誤っています。既存賃料を前提とした価格から見ると、バリューアップ余地といえます。しかし、（既存賃料を上回る）市場賃料を前提とした価格から見ると、実現リスクを負担するものでしかなく、間違ってもバリューアップの余地があるものではありません。市場過熱時には、この区別（リスク認識）が曖昧になっていきます。投資法人ですら、大幅な賃料改定の実現なしには分配金を作れない物件（既存賃料ベースでは分配金を作れない物件）を取得するケースも少なくありません。コア投資であるにもかかわらず、実はそれ以外のリスクを負担している事案も思いのほか存在します。

Column　高いカネと安いカネ

アセットマネジメント会社の競争力を分ける要因として、**資金調達力**の問題があります。ここでいう資金調達力は、コーポレートとしてのそれではなく、運用会社としての、エクイティやローン調達力です。

例えば、入札案件では、バリュエーションに用いるCAPレートの0.1%の差が勝敗に直結します。そしてこの0.1%は調達資金のコストに左右されます。強豪といわれるアセットマネジメント会社が並ぶ入札において、資金調達力に優れる先が物件を競り落としていく場面は、現実によく生じます。この0.1%のCAPレートの差は、調達できるエクイティやローンに影響されます。コアにしろ、オポチュニスティックにしろ、目標とする投資家リターンを作る必要があり、単純に不動産だけを見ているわけではないからです。

例えばA社の扱う資金の目標利回りが4%、B社の扱う資金の目標利回りが3%であったとします。この場合、B社はより突っ込んだ価格で物件を買いに行けます。

また、A社とB社の目標利回りが同じであったとして、A社の調達するローン金利が2%、B社のそれが1.5%であったとします。この場合も、B社はより突っ込んだ価格で物件を買いに行けます。レバレッジを通じて、物件価格の上昇があっても分配金が作れるからです。

このように、アセットマネジメント会社の競争力は、アクイジション能力や運用能力だけでなく、資金調達力もその成長ドライバーとなります。そしてカネの高い安いが投資商品の趨勢（すうせい）にも影響しています。かつて不動産ファンドがエクイティ調達の主流であった時代に、多くの上場リートが立ち上げられました。その理由の一つは「目標利回りが相対的に低い」という点でした（いわゆる「川下」と呼ばれる位置づけです）。また、そののち時代は進み、私募リートやSTOを用いた不動産ファンドなど、様々な商品組成が進んでいます。その理由は、組成の難易度に加えて、（相対的に）安いカネが調達できたためです。いくら優れたアクイジション機能を有する会社であっても、高いカネしか扱えない場合には、うまく拡大は図れません。投資口価格が下落して高い分配金利回りを求められる状況下では、上場リート運用会社は、投資口価格が（ほぼ）固定された私募リート運用会社に対して価格競争力を持ちづらくなります。しかし、私募リート運用会社も設定された分配金利回りが足かせとなり、STOによるファンド組成会社に太刀打ちできません。こういった関係性は市況により変化しますが、特定のアセットマネジメント会社の強弱を決める要因の一つは、こうしたエクイティの性質です。いくらスタープレイヤーがそろったアセットマネジメント会社であっても、市況と取り扱いエクイティのミスマッチが生じていれば、成長できません。

1-2 投資スタイルとバリュエーション

コア投資はインカムゲイン重視、オポチュニスティック投資はキャピタルゲイン重視の投資スタイルです。コア投資は「期中において○%」の分配金目標（それはROE*であったりCOC*であったりします）を持ち、エクイティを調達します。やり方はいろいろありますが、多くの場合、出口はパー（キャピタルゲインもロスも出ない水準）での売却が（黙示的に）想定されています。

Column　パーでのエグジット

コア投資では前提としてパーでのエグジットを前提としていることが多くあります。この点、取得時から売却時までには経年による減価が生じます。よってほかの条件を所与とすれば、売却時の評価額は取得価格を下回るはずです。また、物件取得に当たっては、流通税や流通コストなどの付随費用が発生し、簿価は取得価格を上回ったものとなります。さらに売却時にも売却コスト（AM処分報酬や流通コストなど）が発生します。こうした点も踏まえれば、売却損を発生させないためには、簿価に売却コストを加えた金額で売却せざるをえません。

パーでの売却というシナリオは、積極的なキャピタルゲインを織り込まない点であたかも保守的に聞こえます。しかし、既述の経年減価分や付随費用相当の上乗せが必要であり、潜在的に一定のキャピタルゲインを織り込んだものとなる点には注意が必要です。通常の減価償却では付随費用は償却しきれません。

＊ **ROE**：Return on Equityの略。
＊ **COC**：Cash on Cashの略。

よって、この投資スタイルではバリュエーションは後付けとなることも少なくありません（本来はコア投資でも出口で負けてはいけませんので、同じく慎重なバリュエーションが必要なのですが）。一方のオポチュニスティック投資において、指標として用いるIRRはキャピタルゲインも取り込みます。よって、この投資スタイルでは、いくらでエグジットできるかは極めて重要な要素となり、バリュエーションはより重視されます。

Column　効率的なバリューアッド

市況過熱時には物件取得競争が激化します。その場合に現状のキャッシュフローを前提としてバリュエーションを行ったのでは、価格が伸びず、競争力のある価格を提示できないことが多々あります。そんなときバリュエーション（ソーシング）担当者は、「何とか評価を引き上げ、競争力のある価格を査定する余地はないか」という圧力にさらされます。建物管理費を少しでも下げられないか、空室率はもう少し小さく見積もってもいいのではないか、賃料をもう少し「頑張って」査定してもいいのではないか、などです（こうして、本来はコア投資であったはずのものが、リスク負担量を拡大していきます）。

そんな際によく作られるのが、一定の資本投下を行う前提で賃料上昇改定を描いた「バリューアッドシナリオ」です。例えば、老朽化したエントランスやトイレをリニューアルすることにより賃料を上昇させる、その上昇した賃料を前提に（もちろんバリューアッドのためのコストは控除したうえで）評価する——そんな評価方法です。こうしたバリューアッドを前提とした評価はよく行われています（「実現性リスクがあるため、コア投資であった場合にそもそもなじむか？」という別の論点はありますが）。

バリューアッド投資自体は、資本投下額とキャッシュフロー上昇による評価額上昇額との大小関係に着目したテクニックですので、（リスク負担を認識している限りは）何らおかしなものではありません。そしてこの手法は、何かしらの要因で賃料が抑制されているあらゆる物件において適用可能です。ただし、バリューアッドの効率やリスクは物件によって（より踏み込んでいえば、立地により構成される従来の賃料水準によって）異なります。例えば、次のバリューアッドを比較します。

〈前提条件〉

・共同住宅につき室内の表層や劣化した水回りを更新し、賃料を上昇させる（リテナントおよび賃料増額による）シナリオとする。
・都心部立地のものをA物件（既存賃料月額200,000円/戸）、地方立地のものをB物件（既存賃料月額100,000円/戸）とし、A物件とB物件とは所在を除きまったく同等の物件とする。
・バリューアッド金額を3,000,000円/戸とする。

このとき、バリューアッドにより月額20,000円の賃料上昇を期待したとき、賃料改定率は次表のとおりとなります。

	改定率	計算式
物件A	10%	20,000 ÷ 200,000
物件B	20%	20,000 ÷ 100,000

A物件の賃料改定率が10%にとどまるのに対し、B物件は20%にのぼります。もちろんこのシナリオでは、絶対値として改定後の賃料を検証しているはずですので、その点では改定率は関係ないという考え方もあります。しかしながら、現賃料も市場に応じて形成されたものですので、この大幅な改定が実現するとすることには、相当の実現性リスクがあるとするのが素直な考え方です。

また、賃料改定率を20%で一致させた場合の**投下資本収益率**は、次表のとおり計算されます。

	投下資本収益率	計算式
物件A	16%	200,000 × 20% × 12 ÷ 3,000,000
物件B	8%	100,000 × 20% × 12 ÷ 3,000,000

同じリスク負担に対して、物件Bでは8.0%の投下資本収益率しか得られないのに対し、物件Aでは16.0%が得られる計算となります。単純計算ではありますが、物件Aと物件Bとを無条件で選択できる場合、物件Aが優位に立つのは当然です。

賃料単価水準が物件の所在により異なるのに対し、バリューアッドのための工事費は（ほぼ）影響を受けないため、こうした差異が発生します。同じバリューアッドであっても、その基準となる既存賃料の水準に応じて、こうしたリスク負担の差（または投資効率の差）が生じます。

バリューアッドに対してどの程度のリターンを求めるかはまちまちです。追加投資額の回収期間を考慮する場合もあるでしょうし、（良し悪しはともかく）単純に現状利回りよりプラスとなれば足りるとする考え方もあるかもしれません。しかし、いくら賃料ギャップが大きいように見えても、相対的に見れば、地方部の物件はバリューアッドの効果が低く、リスクは高くなります。

Column　アセットマネジメントの効率

不動産証券化ビジネスにおいて、その取り扱うアセットはまちまちですが、アセットタイプによって当然にビジネスとしての効率の良し悪しは異なります。本書執筆時の上場リートの **AUM*** （総合型、1 銘柄にとどまるヘルスケアを除く）は約 12 兆円ですが、その内訳を示すと次表のとおりです。

アセットタイプ	AUM 合計（億円）	AUM シェア	棟数	棟数シェア
オフィス主体	48,438	41%	493	24%
住居主体	13,933	12%	866	42%
商業主体	8,235	7%	88	4%
ホテル主体	12,473	11%	293	14%
物流主体	35,549	30%	336	16%
合計	118,628	100%	2,076	100%

AUM ではオフィスのシェアが最大、棟数では住居のシェアが最大となります。

これを 1 棟当たりの物件規模* で見てみます。

アセットタイプ	銘柄数	最小値（億円）	最大値（億円）	平均値（億円）	中央値（億円）
オフィス主体	10	24	369	123	80
住居主体	5	9	25	16	17
商業主体	2	89	98	93	93
ホテル主体	5	23	85	41	29
物流主体	9	56	173	107	98
合計	31	9	369	86	80

＊ **AUM**：Asset Under Management の略。**運用資産残高。**

＊…**の物件規模**：「AUM÷棟数」によって投資法人ごとの平均物件規模を算出し、これをアセットタイプごとに分類。

1棟当たりの物件規模は、平均値でオフィス、中央値で物流が最大と把握されます。オフィスについては、1物件で1000億円を超える物件が複数組み込まれていることが、平均値としての物件規模を引き上げたものと考えられます。そういった物件は特異な銘柄の特異な物件ですので、実質的な物件規模は物流が最大と考えられます。

反対に、平均値・中央値ともに最小と把握されたアセットタイプは住居です。こちらは、物件数シェアが最大であるわりに、AUMシェアは小さく把握されています。

アセットマネジメントに必要となるリソースは、原則として棟数に比例します。もちろん、再開発によるオフィスなど運営が複雑な物件はあり、1物件当たりの管理困難性が常に等しいわけではありません。しかしながら、管理困難性の大小にかかわらず、ドキュメンテーションは物件ごとに行われ、PM契約も物件ごとに締結します。物件ごとに予算が作成され、個別にリーシング戦略等が策定されます。よって、当然に運用物件数が多くなれば、必要となるリソースは拡大します。そうした場合、やはり1棟当たりの物件規模が大きくなるほど、運用は効率的なものになります。アセットマネージャー1人当たりの担当可能な棟数が15棟であるとし、アセットマネジメントフィーがAUMの0.4%/年であるとしたとき、アセットマネージャー1人当たりの売上は、住居1.0億円に対して物流施設6.3億円と計算されます。つまり、物流は住居に対して6倍効率的と考えることができます（荒っぽい計算です）。住居にしても絶対額としては十分な売上となるので、ビジネスとしては十分に成立するのですが、ビジネス効率はまったく異なります（当然ながら、効率がいいからといって誰にでもできるわけではなく、物流には物流の参入の困難さや管理の難しさがあります）。

1-3 投資指標

エクイティ投資に対して分配がありますが、この分配は「会計上の利益を分配するスキーム（投資法人スキームや一部のファンドなど）」と「会計処理にかかわらず、支払い可能な現金を分配するスキーム」に大別されます。

この場合の、パフォーマンスを示すために用いられる投資指標にはいくつかの種類があります。その代表的なものは、ROE、COC、IRR などですが、「どの指標を用いるのが適切か」は、ファンドなどの性格によってまちまちです。それぞれの指標の指し示す内容に一長一短があるためです。

■ ROE

ROE は Return on Equity の略で、自己資本利益率ともいい、「エクイティ投資額に対する（会計上の）利益率」を指す用語として用いられます（この分野では年率で用います）。

ROE ＝ (年間の)会計上の利益 ÷ エクイティ出資額

会計上の利益を分配するスキームにおいて用いられます。会計上の損益と結び付いている点でわかりやすい指標です。しかし、会計処理の影響を受け、特に減価償却費の影響を受けやすい（結果として歪（ゆが）みが生じやすい）という点で、使いにくさがあります。

■ COC

COC は Cash on Cash の略で、「エクイティ投資額に対する現金分配額の割合」を示す用語として用いられます（この分野では年率で用います）。

COC ＝ (年間の)現金分配額 ÷ エクイティ出資額

ファンドスキームにおける分配金は、会計上の利益のみを分配するやり方のほかに、分配可能なキャッシュを（すべて）分配するやり方もあります（その場合、会計上の利益を超える金銭分配部分は、出資の払い戻しとして取り扱われます）。その際のリターンを示すために用いられるのがCOCです。この指標値には「減価償却費の大小により影響を受けない」という利点があります。しかしながら、少なくとも一定のキャピタルゲインがなければ、売却時に負けることになります。取得価格と同額で売却したとしても、取得時・売却時には付帯費用が発生するためです。その意味では、一定のキャピタルゲインの発生を前提とする指標ということができます。ROEでは減価償却により簿価が低下するため、取得価格と売却価格とが同額であっても、売買時に発生する付帯費用を吸収できる可能性があります。しかし、COCではこうした効果は得られません。

■ IRR

IRRはInternal Rate of Returnの略で、**内部収益率**を指します。次の数式を満たすrが内部収益率です。

$$I = \frac{C_1}{(1+r)} + \frac{C_2}{(1+r)^2} + \cdots + \frac{C_n}{(1+r)^n}$$

I ：初期投資額
C_t：当該投資が生み出す各期のキャッシュフロー（$t = 1, 2, \cdots, n$）
t ：期間

ROEやCOCが単年度の利回りを示すものであるのに対し、IRRは総投資期間の収益率を示すものです。よって、「特に売買時のキャピタルゲイン／ロスを取り込み、そのシナリオを明示する」というところに利点があります。ただし、投資法人など長期運用を前提とするスキームにおいては、あまり利用されません。ポートフォリオとしての運用であり、個別物件に関して売却シナリオを描くことになじまないことや、そもそも計画的に売却を予定しないことが理由です。

■計算例

前記の各投資指標を計算してみます。前提とする条件は次表のとおりです（単純化のため、SPC コストや消費税の取り扱いなど、多くの点を省略しているのでご注意ください）。

▼各指標値試算上の前提条件

取得時の想定	取得価格：100	取得コスト：5.0%	
借入の想定	LTV：60%	適用金利：1.5%	
AM フィーの想定	取得報酬：取得コストに含む	運用報酬：0.4%	売却報酬：売却コストに含む
簿価想定	土地価格比率：70%	建物価格比率：30%	償却年数：35 年
期中キャッシュフローの想定	NOI 利回り：4.0%	資本的支出：0	
出口時の想定	出口価格：100	売却コスト：4.0%	運用期間：５年

ROE：4.0%

∵ NOI	：	4.0	∵ 100 × 4.0%
Δ 減価償却費	：	0.9	∵ 100 ×（1 + 5.0%）× 30% ÷ 35
Δ 利払い	：	0.9	∵ 100 × 60% × 1.5%
Δ AM 運用報酬	：	0.4	∵ 100 × 0.4%
投資家分配利益	：	1.8	∵ 4.0 − 0.9 − 0.9 − 0.4
出資金額	：	45.0	∵ 100 ×（1 + 5.0%）−（100 × 60%）
ROE	：	4.0%	∵ 1.8 ÷ 45.0

COC：6.0%

∵ NOI	：	4.0	∵ 100 × 4.0%
Δ 利払い	：	0.9	∵ 100 × 60% × 1.5%
Δ AM 運用報酬	：	0.4	∵ 100 × 0.4%
投資家分配額	：	2.7	∵ 4.0 − 0.9 − 0.4
出資金額	：	45.0	∵ 100 ×（1 + 5.0%）−（100 × 60%）
COC	：	6.0%	∵ 2.7 ÷ 45.0

IRR：2.8%

∵ NOI	：	4.0	∵ 100 × 4.0%
Δ 利払い	：	0.9	∵ 100 × 60% × 1.5%
Δ AM運用報酬	：	0.4	∵ 100 × 0.4%
投資家分配額	：	2.7	∵ 4.0 − 0.9 − 0.4
出資金額	：	45.0	∵ 100 ×（1 + 5.0%）−（100 × 60%）
売却時払戻額	：	36.0	∵ 100 −（100 × 4.0%）−（100 × 60%）

▼各期のキャッシュフロー

取得時	1期	2期	3期	4期	5期	売却時
エクイティ	Δ 45					36
期中分配		2.7	2.7	2.7	2.7	

各指標値で数値は大きく異なります。性質が異なるので、そもそも単純比較はできませんが、絶対値を見るとCOC>ROE>IRRとなっています。これはここでの前提条件において、売却価格は取得価格と同額（パー）であるものの、取得コストおよび売却コスト（以下「付随費用」といいます）相当のキャピタルロスが発生するシナリオとなっているためです。ROEおよびCOCではこれを反映しません（もちろんこれを織り込んで計算する方法もありますが、ROEやCOCが用いられる場面では黙示的に「キャピタルゲイン・キャピタルロスともに生じない」とする前提が置かれることが多いです）。一方でIRRではこの損失を取り込み、利益と相殺された計算となるため、こうした大小関係が出てしまいます。

ここで注意すべきは、「ROEやCOCでは、キャピタルゲインは想定しないものの、同じくキャピタルロスも想定しない（ものとして用いられることが多い）」という点です。キャピタルロスが発生しないという前提を置くことは、一見値上がりを想定しておらず、リスクの小さいシナリオであるように見えます。しかしながら、キャピタルロスが生じない売却金額は、簿価に売却コストを加算した金額（ROE）または取得価格に付随費用を加算した金額で売却するシナリオを置くことにほかなりません。すなわち、取得価格以上の価格で売却するというシナリオにベットしているということになります。このとき、現実的にはROEは減価償却後の利回りですので、売却時には減価償却が進み、付随費用も償却できているかもしれません。しかし、COCではそうではありません。売却時にエクイティ償還額が小さくなることにより、それまでの分配金が打ち消されるリスクは高くなります。なお、先の例ですと、期中ROEおよびCOCに影響を与えないためには、ROEでは約105、COCでは約110程度の価格で売却する必要があります。

一方でIRRは売却時の損益を織り込むので、特に売却シナリオの組み立て次第で、高く見積もることができます。各指標値を論じる場合には、それぞれの計算の特性や暗黙の前提条件に留意することが必要です。

Column　減価償却費とCOC

ROEを指標とする場合、減価償却の影響を強く受けることになります。減価償却の影響は極めて大きく、物件取得の可否に影響します。おかしな話ですが、新築でCAPレート3.5%の物件と、築20年で3.5%の物件とがあった際に、後者の方は買えて、前者は買えないということも生じかねません。前者は新築であり、取得価格における建物比率が高く、減価償却費が重たくなり、結果として分配金（会計上の利益）が小さくなるからです。もちろん、減価償却が進むということは内部留保が貯まることにほかなりません。その点では、分配に回らない減価償却部分も別の点でファンド（投資法人）に寄与するものです。しかしながら、分配金利回りばかりが論点となります。「償却が貯まるとはいえ、最低限の利回りは確保する必要がある」ということだろうとは思われます。しかし、だからといって償却の貯まる物件と貯まらない物件とは、やはり無差別ではないはずです。その点では、内部留保の大小も踏まえた利回り説明がもう少し浸透してもいいのではないかと思われます。

1-4 バリュエーションとは

バリュエーションとは、その対象となる物件を評価し、その適正な価額を求めることです。個別の不動産には様々な**バリューファクター**があります。バリューファクターは、投融資のタイミングでの経済情勢など（例えば「金利が安定基調か上昇基調か」）の一般的な要因であり、その不動産の所在する地域（例えば「首都圏中心部か地方都市か」、「発展傾向か衰退傾向か」）などの地域的な要因であり、不動産の立地（例えば「角地か中間画地か」）や付着する賃借権（例えば「大口テナントのシェア」や「契約形態」）などの個別的な要因です。

不動産の価格はそれらの要因の作用を受けて形成されます。例えば、同じ物件であっても、今日と明日とでは価格が変わります。背景となる経済情勢が異なるためです。また、同じ物件であっても、都心部にあるか地方都市にあるかで価格は変わります。賃料水準やCAPレートの水準（厳密にいえば地域に対して認識するリスクプレミアムの水準）が異なるためです。そして、同じ物件であっても、テナントが変われば価格は変わります。テナントシェアや個別の賃貸借契約の経済条件が物件キャッシュフローに影響を与えるためです。このように、不動産には様々なバリューファクターがあります。バリュエーションとは、言い換えればこれらのバリューファクターを調査し、認識し、定量化して価格に落とし込む作業です。そしてこれを成功的に行うためには、まず、バリューファクターを適切に認識することが必要です。それは例えば、空調機の不具合であったり、敷地減少に伴い既存と同等のボリュームが建築できないこと（再建築のボリュームの問題）であったりします。これらを見落とすと、当然ながらバリュエーションは誤ったものになります。次に、認識したバリューファクターを適切に定量化することが必要です。バリューファクターには、定量化が容易なものと難しいものとがあります。空調機の不具合であれば、修繕や更新のコストとして容易に把握できます。しかし、再建築のボリュームの問題は、次の買主がどう評価するかがまちまちです。このバリューファクターの認識・定量化に差が生じることに、バリュエーションの難しさがあります。

Column　バリューファクターに対する「解釈」

バリューファクターのなかには定量化ができない要因もあります。

例えば、境界確認が取れていない物件があったとします。とすると、これは当然に境界が確定している物件と等価ではありません。よって、当該要因にかかる手当てが必要です。

最善の方法は、境界確認の取得を売主の責任と負担とするよう売買条件を調整することです。この方法によれば、リスク（境界確認が取得できないリスクや境界線に関する認識の相違が露見し、紛争が生じるリスクなど）を売主に転嫁することができます。このときには、当該要因を特にバリュエーションに反映させる必要はありません。

この売主負担が求められない場合、本来当該要因を定量化し、バリュエーションに反映させなければいけません。そのために具体的にはどのような方法があるでしょうか。

まず考えられるのは、土地家屋調査士による境界確認のためのコストを実額として控除する方法です。しかしこれだけでは、境界確認が取れている状態と無差別にはなりません。隣地所有者が境界確認に応じない（又は応じたとして境界線の認識に異論が生じる）リスクがあるためです。そうすると、このリスクをどうやって定量化するかが次の問題となります。

第三者性のある問題であり、十分な情報が得られませんので、相手方の反応や交渉結果を予見することは困難です。よって、これにかかる減価額は計算で簡単に求められるものではありません。そのような場合には実務上、当該要因に対して様々な「解釈」を行うことにより、論点の整理を図ります。例えば、「特に紛争は生じていない（ため、取得は容易と見込まれる)」とか、「仮に境界線がずれても（敷地が減少しても）容積対象面積には余裕がある（ため、究極的には譲歩によって解決できる)」とか、さらには「境界確認が取得できていなくとも物件売却は可能である（ため、そもそも取得しなくても問題ない)」とか。

定量化しがたいバリューファクターは、第三者性の有無やその背景など、事案によって様々であり、一つの解をもつものではありません。よって、バリュエーションに際しては、事案に応じてこうした解釈による整理が可能かの検討や、そのために必要な働きかけやコストの見積もりを行うことが必要です。もちろんこの解釈は、強弁であってはならず、将来の売却時に第三者たる買主の理解を得られる、合理性を備えたものでなければなりません。

1-5 バリュエーションの限界

適切なバリュエーションを行うには、バリューファクターを適切に認識しなければなりません。そしてそのためには、正確な、網羅的な、誤解の生じない資料や情報を備える必要があります。これらが足りず、または誤ったものである場合は、当然にバリュエーションも誤ったものとなり、その結果行われる意思決定も誤ったものとなります。しかし、現実のバリュエーションにおいて、この前提条件は簡単には満たされません。

■情報の完全性の問題

まず、バリュエーションを行うに際し、物件に関する完全な情報が得られないままこれを行わなければならないことが通常です。もちろん評価担当者は、最善の評価を行うために、資料収集やデータ収集に努めます。しかし、現実的にはこれを完全に行うことはできません。ビジネス上、調査やデータ収集に費やせる時間は制約されます。また、そもそも提供を受けることができる資料は必ずしも網羅的なものではありません。

例えば、物件取得の際の実務手順は、評価、**LOI***提出、優先交渉権付与、**DD***、契約・決済です。ここでLOI提出までにいくらでも時間がとれるわけではありません。他社の検討が先行した場合には、そちらに先に優先交渉権等が付与される可能性があります。また案件は複数同時進行することは通常であり、1案件のみにたっぷりと時間がとれるわけでもありません。売却方式が入札の場合も、調査期間は入札期日までの期間に限定されます。

＊**LOI**：Letter of Intentの略。買受申込書のこと。

＊**DD**：**デュー・ディリジェンス**のこと。

融資においても、売買上のスケジュールに基づき、レンダー選定が行われ、特定の期日までにタームシートの提出が必要となります。当然に条件検討のためのバリュエーションはこれに先行して完了していなければなりません。よって、満足な情報収集ができない場合もあります。売主やボロワーからの資料の出が悪く、本来備えるべき情報がないままバリュエーションを行わなければならないこともあります（そうしているうちに価格提示日が迫ってきて、やきもきします）。さらには、第三者機関のデュー・ディリジェンスには調査コストが必要です。よって通常、これはLOIやタームシートの提出後の段階で行われます。すなわち、価格提示やローン条件提示は、これら専門家調査を伴わないバリュエーションを基にして行わなければなりません。

情報が得られないバリューファクターについては、一定の査定値や想定を用いるしかありません。バリュエーションはこうした情報の不完全性の制約下で行わざるを得ず、その成果は「完全なもの」ではなく、「最善を尽くしたもの」でしかなくなります。バリュエーションを用いる側（例えばレビューワーや会議体メンバーなど）においては、この事情を認識することが必要です。一定の精度を伴ったものもあれば、精度の劣るものもあります。そして、それぞれのディールの背景から、精度が不足することがやむを得ない事案もあります。バリュエーションの精度は常に一定ではないことを認識し、バリュエーションの結果のみではなく、そもそものバリュエーションの過程（精度）についても確認し、意思決定することが肝要です。

■マーケット予測

バリュエーションで最も重要な要素は賃料とCAPレートの査定です。しかし、これらはどこかから正解が得られるものではなく、各評価主体が自身で査定せざるを得ません。そのための情報収集には前述のとおり限界があり、さらに困ったことに、バリューファクターは常に変動します。

例えば、賃料は需要と供給のバランスによって変動しますが、その趨勢を見極めるのは困難です。短期的な需要予測ならともかく、長期の需要予測は個々の評価者の手に余ります（シンクタンクですら、正しい結果は求められません）。その背景にはマクロの経済情勢があるためです。また、供給も個々の評価主体にはコントロールできません。コロナ禍以前の京都や大阪でインバウンド需要を狙ったホテル供給が相次ぎ、マーケットが壊れたのは記憶に新しいところです。例えば、リーマンショック（資金調達難による大混乱が生じました）、東日本大震災（買い控えや資金の引き上げが生じました）、コロナ禍（インバウンド需要の消滅に宿泊需要の消失、リテールの需要減、ロジスティクスセクターの需要増、オフィス需要構造の変化等が生じました）、ウクライナ侵攻（エネルギーコストの増大が生じました）など、個々の評価主体には予見できない様々な外的要因にさらされています。こうした特異な例は除くとしても、例えば金利変動は予測できません。金利が動けばCAPレートが動くのは明白ですが、その予測をCAPレートに織り込むことは極めて困難です。また、バリュエーションにおいて金利変動リスクを過度に織り込んでしまうと、不動産リスク以外のリスクにベットすることとなりかねません。

こういった理由からも、バリュエーションはその時点時点において最善を尽くすことしかできません。必要な予測は織り込み、必要以上の予測は織り込まない、その線引きが必要です。

バリュエーションの成功フロー

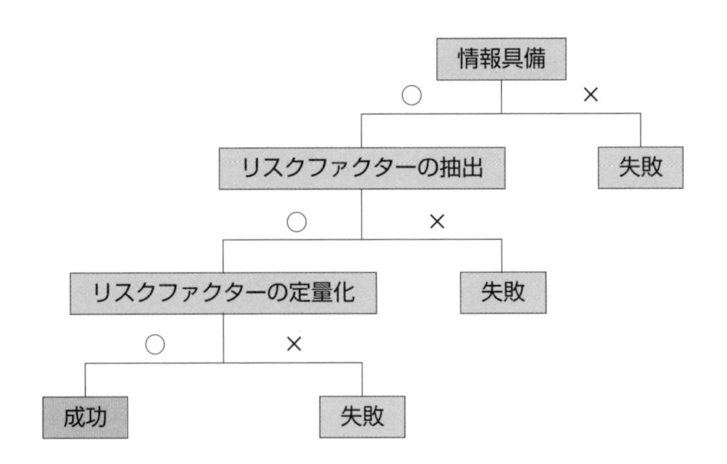

Column　タガは外れやすい

売買マーケットが過熱すると、投資対象とされる不動産は徐々に広がっていきます。当初は大都市圏を対象としていたものが、その周辺の小都市まで含めるようになる、といったことは何度も繰り返されています。投資対象を拡大しないと取得が進まない（ビジネスにならない）ことを理由として、タガはどんどん外れていきます。アセットマネジメント会社の動機は、良好な投資をすることから、ビジネスをすること自体になっていってしまいます。そうすると、従前では取り扱わなかった市況の影響を受けやすい物件やあまり芳しくない物件も「まあ仕方ないか」となり、ポートフォリオは劣化していきます。マーケットや物件の状況が変わらないうちに転売して利ザヤを得る、そういったプレイにはなじむかもしれません。しかし、よほど運用に自信がある場合は別かもしれませんが（とはいえマーケットの変調には勝てないと思われますが）、長く持ってしまうのは得策ではありません。例えば、湾岸部のオフィス投資で損失を出した投資家は数えきれないほどいます。

市場はサイクルであるという考え方に基づき、次に好況期が来るまで耐える（そしてそのときにうまくエグジットする）という考え方もあるかもしれません。しかし、いつになるかわからないそのときまでローンとエクイティを繋ぐのは、かなり難しいししんどいことです（たとえ投資法人であっても然りです）。

Column　抜けた 150 億と溶けた 150 億

アクイジションに携わっている方は、どなたも自己のベストディールとワーストディールとを持っています。筆者も、成功したディールもあれば大失敗したディールもあります。

成功例は品川区所在のオフィスビルです。こちらは 200 億ちょっとで取得し、400 億弱で売却に至りました。これは取得から 1 年程度の売却でしたが、賃貸マーケットの上昇とこれに応じた賃料改定、CAP レートの低下と適時の売却、これらが備わったものであり、チームの支援のもと実現に至りました。取得自体は入札でしたので、特に安く入れたというわけではありません。

失敗例は多くありますが、中でも一番のものは、地方都市所在の商業施設です。こちらは 100 億半ばで取得し、売却価格は実質 0 円でした（残念ながら、誇張ではありません）。溶ける物件は完全に溶けきります。取得後にリーマンショックが到来し、ローンがデフォルトし、レンダーコントロール下に入り、震災によって地方が低迷し、メインテナントが退去し、設備が老朽化し、更新費がまかなえず……と、考え得るあらゆる悪いイベントが続きました。結果、溶けたのはエクイティにとどまりませんでした。

何が明暗を分けたか考えてみると、やはり一番はリーマンショックによるマーケットの変化です。これがなければ、後者の事案も軟着陸できたかもしれませんし、もしこれを経ていたら前者も大きな損失を出していたかもしれません。これればかりは取得担当者のせいではありません。次には、よくわからない地方のよくわからない商業施設を長くホールドしてしまったという点です。リテナントに自信があれば、長期運用は必ずしも不適当ではなかったかもしれません。しかし、その検討も十分にしないまま投資に踏み切り、逃げるタイミングを持てないままずるずると終わりを迎えてしまいました。その結果、関係者は皆不幸になりました。成功したのは、逃げきった売主だけです。

期末までにいくら積み上げなければいけない――といった動機による政策的な案件には要注意です。

間違ってそんな案件を担当してしまうと、15 年経っても戦犯扱いされ続けられることになります。

■ビジネスとしての不動産証券化

各プレイヤーがビジネスとして不動産証券化を行っている以上、当然にプレイヤー自身の成果が必要になります。本来、不動産マーケットにおいては、買いの時期と買いに適さない時期とがあります。そして、そのサイクルはビジネスとは無関係です。すなわち、原則として、不動産証券化プレイヤーは不動産市況の状況にかかわらず、ビジネスを拡大しなければなりません。そしてこの点が、バリュエーションに（よくない意味で）影響します。

アセットマネジメント会社において、アクイジション部門は物件の年間取得目標額を持ちます。当然、これが達成されると褒められますし、未達成に終わると責められます。個人レベルでも、目標達成時にはボーナスも増えますし、未達成の場合は査定に響きます。レンダーサイドにおいても（程度の大小こそあれ）この構造は変わりません。そして、物件の取得や融資を行うためには、よりよい条件提示を行う必要があります。その点で、各プレイヤーは、そもそも、より高い金額を出すための圧力を受けています。例えば、レント査定において、おおむね18,000円/坪から20,000円/坪が適正であろうと把握された場合、ほぼ間違いなく20,000円/坪を採用します。21,000円/坪や22,000円/坪をつけてしまうかもしれません。これは鑑定会社であっても変わりません。ビジネス上、評価を受命しなければならず、そのためにはクライアントの満足を得なければならないためです。よって、バリュエーションは常に最大値となり、限界値を踏み越える圧力を受けています。こうした評価に基づく取得が過去の事例となり、次の取引での参考値とされます。そうして価格上昇期にはバリュエーションの上昇はどんどん（実体とかけ離れて）加速していきます。「変動リスクがあるから保守的に評価を行う」ことは、よほど理性的なプレイヤーでない限り難しいのが現実です。

今は価格が高騰しているから、今期はビジネスを控える――そんな中長期的な観点で行動できているプレイヤーはなかなか存在しません。通常のプレイヤーは、年度ごとのビジネス上の利益の要請のもとに投融資を進めており、バリュエーションもこの制約下にあるという点で難しさがあります。

Column　音楽が鳴っている間は

2007年金融危機時の言葉で、「音楽が鳴っている間は踊り続けなければならない」というものがあります。これはまさに不動産証券化ビジネスにも当てはまります。価格上昇が続いている間に、「これは行きすぎだぞ」と皆が感じていたとしても、途中で自ら舞台を降りられるプレイヤーはなかなか存在しません。

あるレンダー担当者は「今は価格が行きすぎだから融資は控えるつもり」と言っていました。同行の方針を聞いたところ、銀行としてはあくまで積極的に行う方針に変わりはなく、個人的な見解に基づく個人的な方針ということでした。ほどなくして、その方はフロントから外れていました。

アセットマネジメント会社でも同様の考えはあります。あるリートで聞いたホンネは、「今買うと既存ポートフォリオが劣化するため、取得を進めたくはない。しかし、一方で投資家からは成長を求められており、何もしないわけにはいかない（放っておくと平均築年数が増加するばかりで、ポートフォリオが劣化したと言われかねない）。結果として、何かしらポートフォリオの改善の名目が立つ要素を探して、（本質的なポートフォリオ劣化には目をつぶり）取得している」というものでした。

音楽が鳴りやむのは好調なマーケットがクラッシュするタイミングです。しかし、それを知りつつも踊り続けなければならない、そんなジレンマを各担当者は抱えています。それではどうするか。教訓は一つだけ。いずれ音楽が鳴りやむこと、それをちゃんと意識して踊ることです。予兆を察知し、なるべく早くそのときに備える。または、つんのめって転んでしまわないようにあらかじめ手立てを講じる。その認識があるだけで大分やりようが異なります。

開き直って、そのときは転職しようという考え方もあるようですが。

Column　長期的プレイヤー

多くのプレイヤーは短期的なビジネス上の成果（年間のAUM積上げ目標やアップフロントフィーの目標など）から逃れられず、業務を進めます。目標があるため、ときに（むしろしょっちゅう）無理目なディールをしてしまいます。これは業界の宿命です。

しかし、そんな呪縛を受け付けないプレイヤーも中には存在します。金融危機後、デット供給が著しく絞られ、またエクイティ調達も機能不全に陥っていたため、不動産価格は著しく下落しました。どこに底があるのかさえ、わかりませんでした。資金力があるプレイヤーでさえ取得を躊躇（ちゅうちょ）する状況がありました。「落ちてくるナイフはつかむな」というやつです。そんな際に物件取得を進め、その先の市場回復で大勝したプレイヤーもいます。資産管理会社が代表的な例です。金融危機後の物件処理（多くはエクイティが全損し、デットにまで食い込む状況でした）に携わりましたが、その際に買い手として活躍していたのが、上場企業創業者等の資産管理会社です。その多くは、絶対的な投資利回りを持っています。当時よくいわれたのは「グロテン」（グロス10%）という利回り目線です。どんなにいい物件でも、それがグロス10%を下回れば原則として手を出さず、多少難がある物件でもこれを超えるようなら取得します。マーケットが過熱している状況ではそんな水準で物件取得が進められるはずもなく、金融危機前はほとんど存在感がありません。しかし、マーケットが減退している時期には価格は低下し、目線が合う物件も出てきますし、その際には彼らは市場過熱による火傷（やけど）を負っていないので、元気もあります。そして、マーケット過熱期には到底買えなかった良好なアセットを、リーズナブルな価格で取得していきます。こうして良好なアセットを取得し、ポートフォリオを拡大していきます。取得した物件は、持ち続けてインカムゲインを享受することも、次の過熱期に売却してキャピタルゲインを得ることもできます。こうしたプレイができるのは、やはり彼らが不動産取得のみを投資対象としておらず、長期的な視点を持てるためでしょう。また、規模拡大よりもロスの発生を嫌う性質も影響しているのかもしれません。数年買えなかったとしても買えるときに買えばいい――そういった視点を組織自体が持つからこそ実現するスタイルです。

アクイジション部門があり、毎年のAUM積み増しが求められ、証券化ビジネスを専業とするプレイヤーには到底できないことです。

Column　ファンド運用期間

私募ファンドを組成する際、3年または5年の投資期間が設定されることが多いです。これは主には、ローンの貸し出し条件が通常最大5年とされていることなど、ファイナンス面からの要請によるものと思われます。ここで難しいのは「マーケットサイクルのどのタイミングでエグジットを迎えるかがわからない」点です。上昇基調が続いたタイミングかもしれませんし、下落に転じたタイミングかもしれません。かなり下落が進んだタイミングかもしれません。売却適時でなく、リファイナンスをしたくとも、追加出資が必須となる状況かもしれません。5年先の市況を読むことは極めて困難です。

携わった事案で、ちょうど金融危機後にエグジットを迎えるファンドがありました。金融危機前の良好な資金調達環境を背景に、LTV 80%程度のハイレバで組成したファンドです。そんなファンドに何が起きたか。同額でのリファイナンスはできません。物件価格が下がっているため、LTVが高くなりすぎます。レンダーは追加出資を求めます。投資家の足並みはそろいません。追加出資まで溶けてしまう可能性が高いからです。メザニンの利用を試みます。金利が高すぎて合いません（当時登場したメザニンは年利10%超の水準でした）。結果として、エクイティは全損し、ローンはデフォルトし、後始末としての物件売却によるローン回収までアセットマネージャーとして責任をとることになりました。

あのとき、何ができたか。LTVを適切にコントロールすべきでした。価格下落時にリファイナンスできないようなハイレバであれば、投資期間は短期とし、さっさとエグジットすべきでした。一方で中長期の運用とするのであれば、市況の変化に備えて、LTVを低めに抑えるべきでした。

なかなか実務ではこのコントロールはうまくいきません。それは、運用会社自体がAUM拡大を図るからであり（AUMは収益と直結しますので、外部売却によるAUM減少は運用会社としては望ましくありません）、ハイレバでないと分配金利回りが作れないからでもあります。マーケットサイクルの変調を甘く見たこと（もちろん金融危機の影響は予見できるようなものではなかったのですが）、変調した場合のプランを持っていなかったこと、それが最大の失敗要因です。

1-6 バリュエーションの手法

証券化不動産には様々なアセットタイプがありますが、その用途にかかわらず評価の骨組みは共通です。証券化不動産には、「現に収益を生み出している土地建物（複合不動産）」ならびに「更地（場合によっては取壊し予定土地建物）を開発し、建物を建築したうえで売却する開発型」があります。本書では、建築済みの複合不動産を対象としたバリュエーション方法について解説します。

証券化不動産に適用される評価手法は**収益還元法**です。収益還元法とは、不動産鑑定評価基準上「対象不動産が将来生み出すであろうと予測される純収益の現在価値の総和を求めることによって、対象不動産の試算価格（収益価格）を求める手法」と定義されています。

この手法には、**直接還元法**（**DC 法**）と **DCF 法**とがあります。

収益還元法の分類

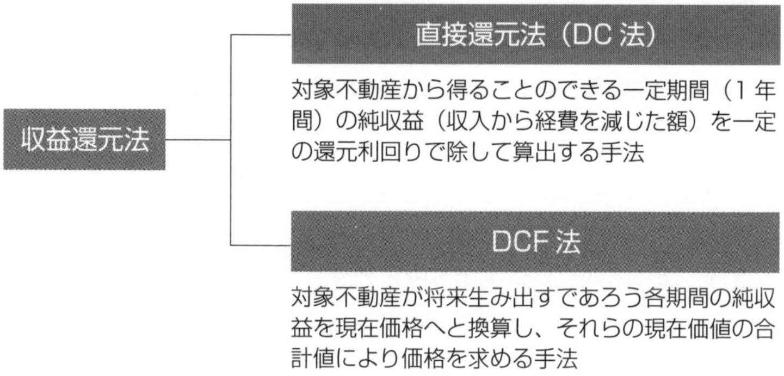

収益還元法

- 直接還元法（DC 法）
  対象不動産から得ることのできる一定期間（1 年間）の純収益（収入から経費を減じた額）を一定の還元利回りで除して算出する手法
- DCF 法
  対象不動産が将来生み出すであろう各期間の純収益を現在価格へと換算し、それらの現在価値の合計値により価格を求める手法

■直接還元法（DC法）

DC*法は、対象不動産から得ることのできる年間の純収益（**NCF***、収入から経費を減じた額）を一定の還元利回りで除して価格を算出する手法です。

直接還元法

$$\frac{\text{1年間の収益}^{※}}{\text{還元利回り}} = \text{不動産価格（収益還元価格）}$$

※家賃収入等の収入から経費を差し引いた金額

・DC法計算例

〈前提条件〉

NCF　　　：100,000,000円

CAPレート：3.8%

DC法価格：2,631,578,947円

∵　　　　100,000,000 ÷ 3.8%

DC法は、現状のキャッシュフローが安定的キャッシュフローと乖離している場合（賃料ギャップが発生している場合など）の評価が難しい点はありますが、直感的かつ計算過程が簡便であり、他評価事例との比較可能性が高いなどの利点があります。

■DCF法

DCF*法は、対象不動産が将来生み出すであろう各期間の純収益を現在価値へと換算し（割引現在価値化し）、それらの現在価値の合計をもって価格を算出する手法です。

＊**DC**　：Direct Capitalizationの略。
＊**NCF**：Net Cash Flowの略。
＊**DCF**：Discounted Cash Flowの略。

・DCF 法計算例

〈前提条件〉

1 年目から 5 年目までの NCF	：100,000,000 円 / 年
売却時の CAP レート	：4.0%
割引率	：3.6%
DCF 法価格	：2,529,777,462 円

$\because$ $100{,}000{,}000 \times (1 - 3.6\%) + 100{,}000{,}000 \times (1 - 3.6\%)^2 + 100{,}000{,}000 \times (1 - 3.6\%)^3 + 100{,}000{,}000 \times (1 - 3.6\%)^4 + 100{,}000{,}000 \times (1 - 3.6\%)^5 + (100{,}000{,}000 \div 4.0\%) \times (1 - 3.6\%)^5$

DCF 法の計算例

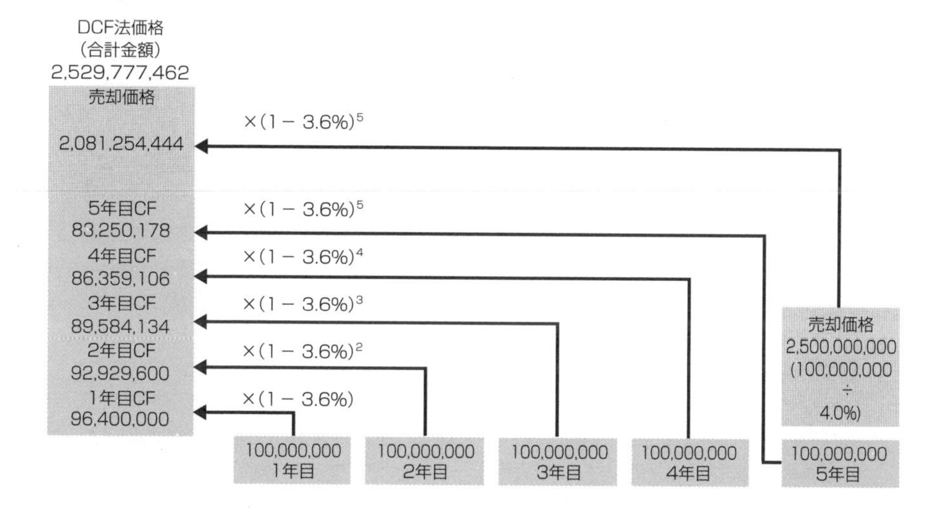

DCF 法は、各年度のキャッシュフロー変動が見込まれる場合（例えば、現状の空室率が大きく、空室損やリーシングフィーが発生する場合や、賃料ギャップがある場合など）にこれらを反映しやすい、という利点があります。

■ 実務上の評価手法

DC法とDCF法のいずれを用いるか（または併用するか）には各社の考え方がありますが、簡便性や比較可能性などの観点から一般にはDC法が用いられます。

Column　様々なバリュエーションシート

アセットマネジメント会社各社では、独自に作成したバリュエーションシートに利用し、査定を行っています。このシートに関しては、「良い」ものもあれば、「これでいいんですか？」というもの、「……ご苦労をされていますね……」というものもあります。

バリュエーションシートはシンプル過ぎると、検証に適しません。作成は楽で工数はかかりませんが、計算上の瑕疵や、想定や見通しの適否（無理はないかなど）は発見できません。チェック担当者が原資料と突合して審査する体制が必要となり、結果として工数がかかります。

一方でこれが複雑になりすぎると（使わない情報をちりばめた華美なシートもあります）、工数がかかり、究極的には会社の成長を阻害してしまいます。かつての決裁者のこだわりが重なり、肥大化していったんだろうな、と推測されるものもあります。

また、当初想定された利用（入力項目やその考え方など）が継承されておらず、誤った利用になってしまっているケースもあります。リテナントまでの期間を入れるべき計算式なのに、利用上は入居期間を入れてしまっているとか、負担調整の取り扱いが作成者によりまちまちであるとか。

当然これらは不利益を招きます。実績比較がなく、単価表示もないシートは検証可能性を持ちません。重複した情報入力を求めるシートは時間の無駄です。スペックなんて**マイソク**＊やパンフレットを見ればわかります。自社様式に落とし込む工数は誰の得になるのでしょうか。入力情報を誤らせるシートは間違った計算結果しか吐き出しません。作り込みが不明確なら、これを誤らせないためのチェックや申し送りが必要です。

バリュエーションシートは、これまで使ってきたシートだからという整理ではなく、それが最適か、利用方法に誤りはないかを定期的に見直すべきです。バリュエーションがアセットマネジメントビジネスの入口だとするならば、その最適化を図るのは、本来組織としての義務です。

＊**マイソク**：賃貸募集用の資料。

第2章

DC法の適用

DC法は、純収益をCAPレートで還元して（資本化して）価格を求める手法です。各社によって独自のやり方がなされる部分はありますが、手法適用上の基本的な構成要素はNOIとCAPレートです。

DC法では、「純収益」を「CAPレート」で還元して、価格を求めます。純収益については、NOIを用いる方法およびNCFを用いる方法があります。

2-1 NOI

不動産証券化ビジネスは、主に賃料収益を源泉とするものです。毎期得られる収益が分配金の配当原資となり、利払いの原資となります。そしてこの収益を目的として売買が行われます。どの程度の収益が得られるか（NOI）、その収益に対してどの程度の利回りを求めるか（CAP レート）が、収益用不動産の価格を形成します。したがって、バリュエーションにおいては、各評価主体がそれぞれ NOI を査定し、これに基づいて物件評価額を求めます。**NOI** は Net Operating Income の略であり、運営純収益とか、もっと略して**純収益**と呼ばれることもあります。同様の収益指標である後記の NCF と区別するため、NOI と呼ばれることが多いです。

NOI は、不動産について生じる総収入から総費用を控除して求めます。収入および費用の構成要素はアセットタイプにより異なりますが、原則として「不動産の賃料から、この賃料を獲得するために必要となるコストを控除する」ことで算出します。

NOI の構成イメージ

Column　アセットタイプによる総収入

バリュエーション上の収入項目は前記内訳により構成されますが、各収入項目の計算過程はアセットタイプにより異なります。

オフィス、レジデンス、都市型商業施設（フロア貸しの店舗ビルなど）、ロジスティクスは賃貸事例に基づき直接賃料収入を査定し、その他収入項目も発生に応じて計上します。一方で、郊外型商業施設（SC など）は売場面積に対して**坪効率***を査定し、これに賃料負担率を乗じて賃料収入を査定（または検証）します。ホテルは貸室タイプごとに **ADR***、**OCC***により **RevPAR***を査定し、このほか付帯収入を加算し、運営経費を控除して GOP を求め、これに基づき賃料収入を査定（または検証）します。

バリュエーション上の収入項目の骨格は共通ですが、収入項目を査定するためのプロセスは、アセットタイプごとで異なっています。各用途はそれぞれマーケットが異なり、バリュエーションにあたっては分野に対する高い専門性が必要となります。なくても形は作れてしまいますが、エクイティを溶かしてしまう可能性は格段に高くなります（時流に乗ってなんとなく SC やホテルをやっちゃうこともあるんですが）。

■総収入の構成項目と定義

総収入は、主に次表の項目から構成されます。

▼総収入の構成

項目		定義*
貸室賃料収入 Rent	＋	対象不動産の全部または貸室部分について、賃貸または運営委託することにより恒常的に得られる収入（満室想定）
共益費収入 CAM	＋	対象不動産の維持管理運営において経常的に要する費用のうち、共用部分に係るものとして賃借人との契約により徴収する収入（満室想定）
水道光熱費収入	＋	対象不動産の運営において電気・水道・ガス等に要する費用のうち、貸室部分に係るものとして賃借人との契約により徴収する収入
駐車場収入	＋	対象不動産に付属する駐車場を賃貸することによって、または時間貸しすることによって得られる収入（満室想定）

＊**坪効率**：売り場 1 坪あたりの売上高。
＊ **ADR**：Average Daily Ratio の略。客室 1 室あたりの平均販売単価。
＊ **OCC**：Occupancy Ratio の略。稼働率。
＊ **RevPAR**：Revenue Per Available Room の略。販売可能な客室 1 室あたりの売上高。
＊**定義**：収支項目の用い方につき、証券化実務と不動産鑑定評価実務とで大きな違いはないことから、各項目の定義は国土交通省の定める不動産鑑定評価基準第 3 章第 5 節「DCF 法の適用等」における定義を採用。

項目		定義
その他収入	＋	その他看板・アンテナ・自動販売機等の施設設置料、礼金・更新料等の返還を要しない一時金等の収入
空室等損失	Δ	各収入について空室や入替期間等の発生予測に基づく減少分
総収入（運営収益） Gross Effective Income		（上記項目の合計）

■総費用の構成項目と定義

総費用は次表の項目から構成されます。

▼総費用の構成

項目		定義
維持管理費 BM fee	Δ	建物・設備管理、保安警備、清掃等、対象不動産の維持管理のために経常的に要する費用
水道光熱費	Δ	対象不動産の運営において、電気・水道・ガス・地域冷暖房熱源等に要する費用
修繕費	Δ	対象不動産に係る建物・設備等の修理・改良のために支払う金額のうち、当該建物・設備等につきその原状を回復するために経常的に要する費用
プロパティマネジメント費 PM fee	Δ	対象不動産の（賃貸）管理業務に係る経費
テナント募集費	Δ	新規テナントの募集に際して行われる仲介業務や広告宣伝等に要する費用、およびテナントの賃貸借契約の更新や再契約業務に要する費用等
公租公課	Δ	固定資産税（土地・建物・償却資産）、都市計画税（土地・建物）
損害保険料	Δ	対象不動産および付属設備に係る火災保険、対象不動産の欠陥や管理上の事故による第三者等の損害を担保する賠償責任保険等の料金
その他費用	Δ	その他支払地代、道路占用使用料等の料金、予備費等
総費用		（上記項目の合計）

■NOIの査定

NOIを構成する各項目については第3章で説明します。

2-2 NCF

NCFはNet Cash Flowの略であり、NOIからさらに**資本的支出***を控除したものです*。資本的支出が控除される分、NOI>NCFの関係に立ちます。

▼NCFの構成イメージ

■資本的支出の定義

資本的支出は次表のとおり定義されます。実務上、**CAPEX**(Capital Expenditure)と呼ばれることもあります。

▼資本的支出の定義

項目		定義
資本的支出 CAPEX	Δ	対象不動産に係る建物・設備等の修理・改良のために支出した金額のうち、当該建物・設備等の価値を高め、またはその耐久性を増すこととなると認められる部分に対応する支出

＊**資本的支出**：対象不動産に係る建物や設備等の更新および大規模な計画修繕などの資産性が認められる支出。
＊**…したものです**：不動産鑑定評価基準では、NCF算出過程で敷金等預り金の運用益の加算が行われるが、量的重要性が乏しいため、実務上は通常考慮しない。

資本的支出（CAPEX）と、エンジニアリング・レポートにおける**中・長期修繕更新費用***とは一致しません。両者が混同して用いられることもよくありますが、バリュエーション上は明確に区別しておくことが必要です。

	保守*の範囲に含まれる定期的な小部品の取替等に関する費用	修繕*費	更新*費
中・長期修繕更新費用（エンジニアリング・レポート）	含まない	含む	含む
資本的支出（CAPEX）	含まない	一部含む*	含む

* **中・長期修繕更新費用**：公益社団法人ロングライフビル推進協会（BELCA）によると、「（緊急修繕費、短期修繕更新費用以外の）経年に伴う劣化に対する修繕や、建物の適切な機能維持、安全稼働をしていくための修繕あるいは更新が推奨される費用」と定義されている（出典：不動産投資・取引におけるエンジニアリング・レポート作成に係るガイドライン〈以下「BELCA定義」という〉）。
* **保守**：「建物の機能、劣化の状況を定期的に調査、点検することおよび消耗部品の取替等の軽微な作業をすること」（BELCA定義）
* **修繕**：「劣化した部材、部品あるいは機器等の性能または機能を現状あるいは実用上支障のない状態までに回復させること。**ただし保守の範囲に含まれる定期的な小部品の取替等は除く**」（BELCA定義）
* **更新**：「劣化した建築材料や設備機器等を新しいものに取り換えること。一般的には機能の向上を目的とはせず、従来使用されてきた素材・機器と同等の仕様とする」（BELCA定義）
* **一部含む**：耐用年数を延長させることになる修繕費（鉄部塗装など）。

2-3 CAP レート

CAP レートは Capitalization rate の略であり、「不動産から得られる純収益の不動産価格に対する割合」を指します。

不動産価格を「元本」、不動産から得られる（賃料）収益を「果実」としたとき、両者の間には相関関係があります。例えば、100 の元本に対して得られる果実が 4 であれば、そのときの利回りは 4%です（果実 4 ÷元本 100）。この相関関係に着目し、果実から元本価格を求める手法が **DC 法**です。すなわち、不動産において果実たる NOI または NCF を求め、果実に対する利回り（CAP レート）で割ることにより、元本価格を求めることができます。先の例のように、果実が 4、利回りが 4%だとすると、元本は 100 と求められます（果実 4 ÷利回り 4%）。

元本と果実のイメージ

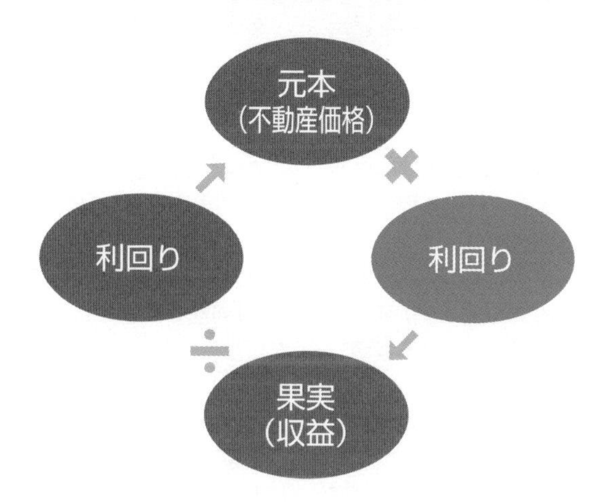

CAP レートの具体的な査定については第 4 章で説明します。

Column　バリュエーションと当局による処分

これまで、監督官庁である金融庁によって行われた処分はそれほど多くはありません。しかし、当局の指摘を受けた場合、運用会社は極めて大きなダメージを受けます。当然にこれは回避すべきであり、そのためには先例に学ぶほかありません。

処分を受けた事例としては、次のようなものがあります。

・投資法人の運用資産に組み入れるべき不動産の取得時に、本来行うべき審査等の業務を適切に行っていなかった（2006年7月21日）
・投資法人における役員会の招集事実がない（2006年7月21日）
・鑑定評価に対して適切な資料を提示しなかった
鑑定評価の内容を確認しなかった（2007年3月13日）
・利害関係人たる売主が負担すべき費用を買主（投資法人）に負担させた（2008年3月28日）
・鑑定会社に対する不適切な働きかけを行った（2008年9月5日）
・鑑定会社の選定プロセスが不適切であった（2008年9月5日）
・鑑定評価に対して適切な資料を提示しなかった（2008年9月5日）
・民事再生手続きの開始を申し立て（2008年10月9日）
・デュー・ディリジェンスが不十分であった（2008年12月5日）
・バリュエーション（または売買上の価格調整）の不備があった（2008年12月5日）
・債務超過（2009月21日）
・会議体における利益相反に対する審議が不十分であった（2017年4月5日）
・利害関係者間取引における情報遮断を実施せず、同一担当者によって履行させた（2017年4月5日）
・利害関係者の連帯保証債務をSPCに債務引受させた（2017年4月5日）
・鑑定会社に対する不適切な働きかけを行った（2022年7月15日）
・鑑定会社の選定プロセスが不適切であった（2022年7月15日）

不動産証券化業界も20年以上の歴史を持つに至り、従事者の顔ぶれも変わってきました。そうなると、やはりかつての教訓が引き継がれないということも生じてしまいます。しかしながら、処分を受けた際の影響はやはり甚大です。よって、「何をすべきか」、「何をしてはいけないか」のよい先例として、過去の事例を活用すべきです。そして、特に注意しなければいけないのは、バリュエーション、鑑定評価の取得、利害関係者取引における費用収益負担区分です。

先例を見ると、この分野にかかる処分が大部分を占めます。

第３章

収支項目の査定

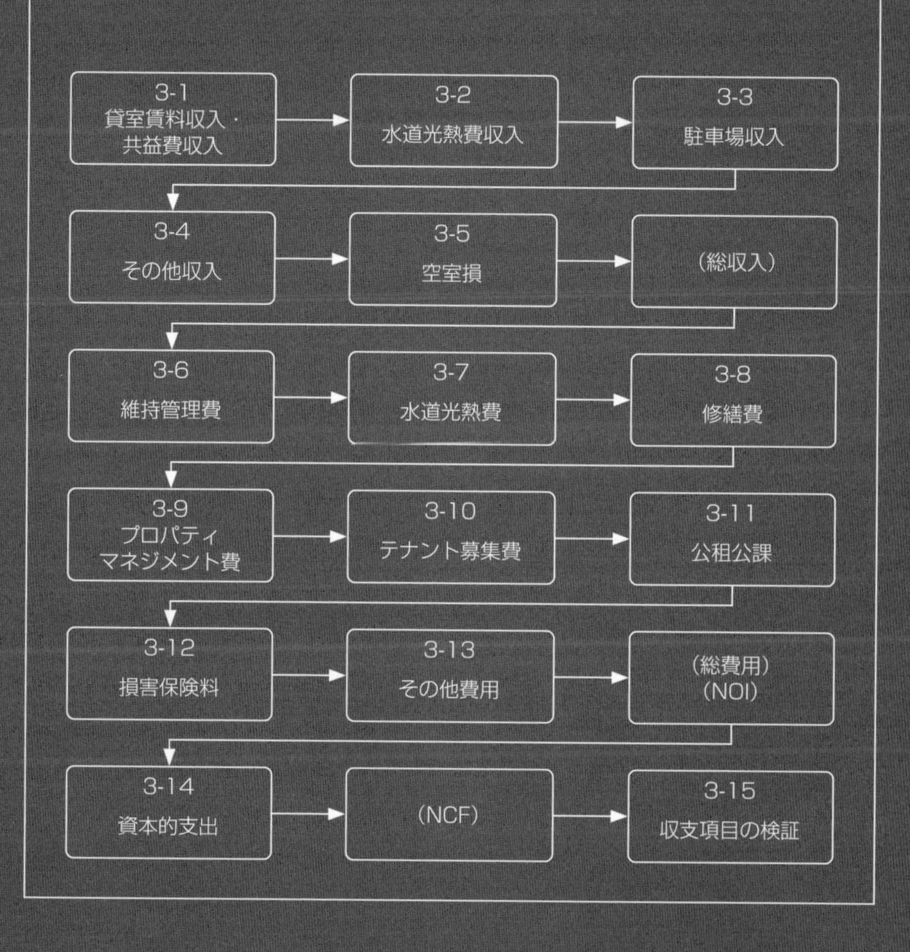

3-1
貸室賃料収入・
共益費収入
3-2
水道光熱費収入
3-3
駐車場収入
3-4
その他収入
3-5
空室損
（総収入）
3-6
維持管理費
3-7
水道光熱費
3-8
修繕費
3-9
プロパティ
マネジメント費
3-10
テナント募集費
3-11
公租公課
3-12
損害保険料
3-13
その他費用
（総費用）
（NOI）
3-14
資本的支出
（NCF）
3-15
収支項目の検証

3-1 貸室賃料収入・共益費収入

貸室賃料収入と**共益費収入**は不動産収入の源泉であり、総収入の大部分を構成する項目です。従来、共益費収入は共用部分の維持管理等の名目で徴収されてきたものですが、現在は賃料との区分けは曖昧なものとなっています。テナントは、実質的に負担することとなるトータルコスト（共益費込みの賃料）を基準として入退去の意思決定を行うのが通常であり、貸主側も、賃料・共益費のそれぞれの金額ではなく、総額に着目します。よって、バリュエーション上もこれらを別々に査定することは行わず、共益費込みの賃料を求め、これを必要に応じて*賃料部分と共益費部分に分離して計上します。

賃料・共益費はNOIへのインパクトが極めて大きな項目です。この収入査定を1割間違えると、BMコストをまるまる計上していなかった以上の影響があります。よって、その査定は極めて慎重に行うべきです。賃料収入は下図の計算式で算定します。

▼貸室賃料収入および共益費収入の定義

項目		定義
貸室賃料収入 Rent	+	対象不動産の全部または貸室部分について、賃貸または運営委託することにより恒常的に得られる収入（満室想定）
共益費収入 CAM	+	対象不動産の維持管理運営において経常的に要する費用のうち、共用部分に係るものとして賃借人との契約により徴収する収入（満室想定）

計算イメージ

賃貸面積 × 賃料単価 × 12か月 ＝ 賃料収入

＊…**に応じて**：仲介手数料や更新料は「賃料の○か月分（共益費を含まない）」とされることが多く、この計算の適正を図るため、賃料と共益費を区分して計上すべき場合がある。

■賃貸面積

賃料収入の査定においてまず重要となるのが、**賃貸（可能）面積（NRA***）の把握です。通常、賃料収入は賃貸可能面積と単価の乗算で求めます。賃室は物件によってまちまちであり、総額で賃料を比較することができないためです。よって、貸室賃料を求めるにあたっては、まず賃貸面積を確認し、これに対して賃料単価を査定するというプロセスをとります。

この賃貸面積は一般的には**レントロール***の数量を用います。このとき、単純にレントロール数量を用いるのではなく、その数量自体が間違っていないかどうか確認することが極めて重要です。端的にいえば、契約数量が実際より（ネット数量より）膨らんでいるおそれがあるためです。

賃貸借契約において基準となるのは、排他的に利用できる部分のみを契約対象とするネット賃貸です。しかし、共用部面積を含むセミグロス契約やグロス契約なども存在します。そのほか、リースラインがおかしな部分を含んでいたり、リースラインが隣接する他テナントと重複していたりするケースもあります。この点は、賃貸借契約締結当時の賃貸人の性格や方針により大きく異なります。

賃貸面積を過大に認識してしまうと、結果として算定される賃料収入も過大に認識されます。例えば、ネット面積が1,000坪の物件について、レントロール数量をそのまま採用して1,200坪と認識してしまうと、収益を20%過大に認識することにつながります。当然に、バリュエーション結果も過大なものとなります。

〈例〉

契約面積　：1,200坪

査定賃料　：15,000円/坪

空室損　　：単純化のため考慮せず

総費用　　：42,000,000円

CAPレート：4.0%

＊**NRA**：Net Rentable Areaの略。

＊**レントロール**：対象不動産に付着している賃借権の契約条件を一覧化した資料。Rent Roll（RR）。

これを前提とすると、評価額は4,350,000,000円と査定されます。

∵（1,200 × 15,000 × 12 − 42,000,000）÷ 4.0%

一方で、実は契約面積は共用部を含んでおり、専有面積（ネット面積）は1,000坪だったとすると、評価額は3,450,000,000円となります。

∵（1,000 × 15,000 × 12 − 42,000,000）÷ 4.0%

この場合、専有面積の見落としによって26%も高く評価してしまうことになります。賃料収入がバリュエーションに与えるインパクトは極めて大きいものです。そしてさらにその基礎となるのが賃貸面積ですので、極めて高い注意を払う必要があります。

①賃貸床の契約形態（ネット、セミグロス、グロス）

まず、オフィスにおいては契約面積の計算がまちまちです。オフィスのフロアプレートは通常、テナント専有部とトイレや給湯室等の共用部、非常階段や機械室等から構成されます。レジデンスを前提とすると、契約対象はあくまで独立した専有部だけですが、オフィスの場合はこれらの共用部を契約面積に取り込んだ契約が行われることがあり、その類型はおおむね以下の三つに分類されます。

・**ネット契約**：専有部のみを賃貸面積とする契約形態。

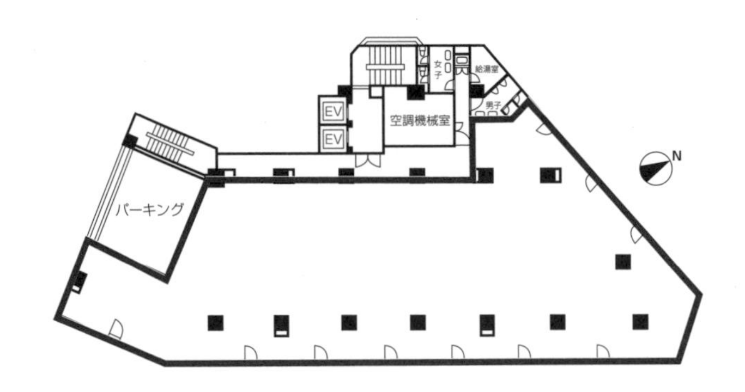

・**セミグロス契約**：専有部面積にトイレや給湯室等の共用部面積を加算した面積を賃貸面積とする契約形態。

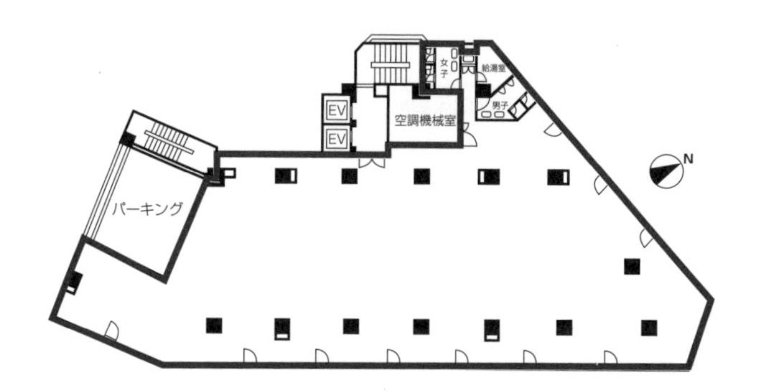

・**グロス契約**：主に一棟貸しの場合において、建物延床面積を賃貸面積とする契約形態。

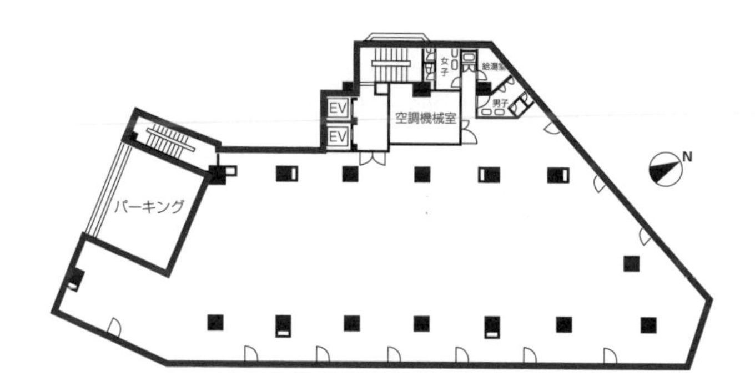

②契約形態と賃料単価

契約面積の大小関係は次のようになります。

▼面積の大小関係

ネット契約 < セミグロス契約 < グロス契約

そうすると、賃料総額が同額である場合、各契約形態による名目上の賃料単価は次のようになります。

▼単価の大小関係

ネット契約 > セミグロス契約 > グロス契約

契約面積をセミグロス契約（またはグロス契約）とすることの目的は、端的にいえば、賃料単価を低く見せかけることです。

例えば、ネット面積150坪、3,000,000円/月の貸室があったとき、ネット面積で募集した場合の単価は20,000円/月・坪ですが、これをセミグロス面積で募集した場合、表示上の単価はより小さいものとなります。例えば、20坪の共用負担を加算した170坪のセミグロス面積を用いた場合、表示上の単価は17,647円/月・坪となります。

[ネット]　　3,000,000 ÷ 150 = 20,000
[セミグロス] 3,000,000 ÷ (150 + 20) = 17,647

リーシング実務では、テナント候補者に対して、Aビルが○円/坪、Bビルが○円/坪、Cビルが○円/坪……といった形で物件を紹介します。この場合、坪単価が低い方がよりコスト負担の少ない物件に見え（てしまい）ます。このように、表面上の見た目をよくしてリーシングを有利に進めようとするやり方があり、その結果として、事実上の契約面積にはネット面積とセミグロス面積とが混在しています。

当然ながらテナントからすると、グロス契約やセミグロス契約とすることに何ら利益はありません。ネット契約であれば賃料負担が生じなかった床が賃料算定対象とされてしまいますし、居室内にトイレや給湯室が含まれる場合はその清掃などの責任も（直接的に）負担することになります。「独占的に利用することになるので」という説明がなされることもありますが、独占的に利用したいわけではなく、結果的にそうなっているにすぎません。当然、契約面積に対する利用効率も劣ることになります。

③（セミ）グロス面積での比較

（セミ）グロス契約の賃貸事例から、（セミ）グロス契約の対象不動産の賃料収入を求めることは困難です。面積に含まれる共用部の割合（共用負担）が異なるためです。それぞれの共用負担率を求めて割り戻すという方法も考えられますが、それをするくらいなら、ネット面積で比較した方がより明確です。また、賃料相場としても、やはりセミグロスを前提として「坪当たり○○円くらい」という感覚は持ち得ません（持っていたとしてもかなりうさんくさいです）。

よって、バリュエーションにおいては、まずネットの賃貸（可能）面積を把握することが肝要です。

Column　Apple to Apple

何かを比較する場合には、**“Apple to Apple”** である必要があります。「比較対象の基準がそろっていない場合には、その比較結果は意味を持たない」ということです。例えば、あるリンゴと別のリンゴとを比較したときは、どちらがより甘いという結果が出ます。一方、リンゴとオレンジとを比較した場合は、（いずれが優勢であったとしても）どちらかがより甘いという結果は意味を持ちません（または、その結果は誤用されるおそれがあります）。リンゴとオレンジとはそもそも別のものだからです。そして、オレンジをリンゴに「補正」して両者を比べることも容易ではありません（できるのか？）。

バリュエーションにおいても、査定値を求める場合や検証を行う場合に、事例資料との比較を行うことはよくあります。その際には、こうした基準がそろっているかどうか確認することが極めて重要です。「賃料単価または専有坪単価を比較する場合において、その基準となる面積がネットなのかグロスなのか」（ネット単価はグロス単価に比べて高くなります）、「利回りを比較する場合において、その時点間に経済情勢の変動はないのか」（その影響を受け得るため、事例資料は極力直近のものが求められます）、「レジデンスの空室期間を求めるにあたって、スタジオタイプの事例とファミリータイプの事例とが混在していないか」（両者で標準的な入居期間は異なります）……など、リンゴとオレンジが交じりかねない情報も少なくありません。

④ NRA確認の方法

NRAを確認するには、いくつかの方法があります。少しの手間はかかりますが、面積の誤認が生じた場合の影響を考えれば、欠かすことはできません。

• 竣工図から拾う方法

竣工図の面積表に専有面積が記載されていることがあります。その場合は、当該面積を採用することができます。ただし、どの部分の面積が記載されているかは照合しておく必要があります。設計上の面積計算は、必ずしも運用実務を前提としていないためです。

面積表の例

階	階高	施工床面積										
		容積対象面積					容積対象外床面積					延床面積
		専有	共用部	機械室等	ゴミ置場	計	駐車場（含車路）	機械式駐車場	屋外駐車場	その他	計	
屋上												
塔屋	4,200		7.16			7.16					0.00	7.16
9	3,850	284.11	59.19			343.30					0.00	343.30
8	3,700	221.51	59.19			280.70					0.00	280.70
7	3,700	221.51	59.19			280.70					0.00	280.70
6	3,700	284.11	59.19			343.30					0.00	343.30
5	3,950	414.82	59.19			474.01					0.00	474.01
4	3,800	414.82	59.19			474.01					0.00	474.01
3	3,800	414.82	59.19			474.01					0.00	474.01
2	4,100	422.42	55.93			478.35					0.00	478.35
1	5,100	186.44	89.56			276.00	207.62				207.62	483.62
B1	4,200	296.17	102.51			398.68	92.62	45.00			137.62	536.30
小計		3,160.73	669.49			3,830.22	300.24	45.00			345.24	4,175.46

・平面図から計測する方法（三斜求積法*）

原始的な方法ですが、図面上で三角を切って手計算する方法です。計測上の誤差は小さくありませんが、PDF ソフト等を利用できない場合は（消極的に）活用できます。

三斜求積法の例

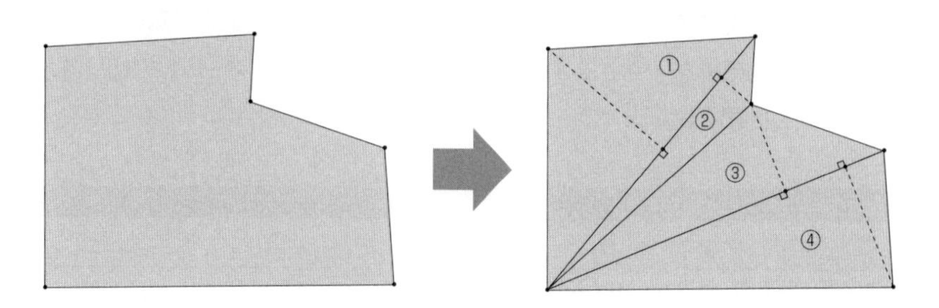

・CAD により算出する方法

正確な数値が把握できますが、時間とコストがかかるため、利用できる局面は LOI 交換後などに限られます。

*三斜求積法：対象となる区画を複数の三角形に区切り、それら三角形（底辺×高さ÷２）の総和を求めることにより求積する方法。

• **PDF 編集ソフトのツール＊で概測する方法**

概測になるため、実際のリーシングでは利用し難いですが、精度は低くありません。セミグロス / グロスの別の判定や、賃貸借契約書添付図面がない場合におけるリースラインの推定などには十分活用できます。

方法は極めて簡単です。①「距離ツール」を選択、②平面図上で寸法の入ってる両端を指定、③計測結果が一致するように縮尺を調整、④「面積ツール」に切り替えて、測定対象となる区画を選択。

PDF ソフトによる計測例

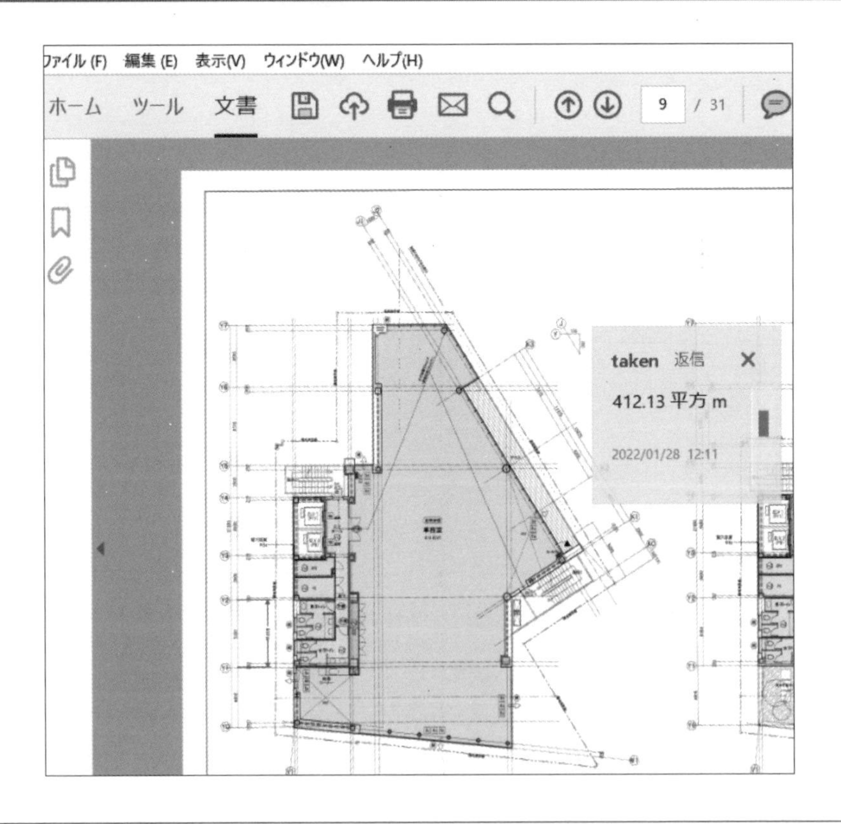

＊ **PDF 編集ソフトのツール**：「ものさしツール」など。

Column　NRA チェックのタイミング

中古オフィスの売買では、従前の所有者がどのような方針により契約面積を定めていたかはわかりません。セミグロス契約としていたかもしれませんし、契約当時のパワーバランスにより**共用負担***を課していたかもしれません。新宿区所在のある物件では、契約面積が NRA の 30％増しになっていたことがあります（急遽、LOI を取り下げました）。池袋所在のある物件では、廊下・階段のみならず、屋外バルコニー部分まで契約面積に含まれ、賃料が算定されていました（こちらはネット面積で再バリュエーションを行い、価格交渉のうえで取得に至りました）。いずれも、購入後リテナントの際に気づいたとしたら、目も当てられないことになります。

バリュエーションの現場では（不動産鑑定業界も含めて）、賃料査定には力を尽くすものの、賃貸面積にはわりに無頓着になっている場合が多いです。貸主として、セミグロス面積を「うまく利用する」ならともかく、買主またはレンダーとしてセミグロス契約に騙（だま）されることは回避しなければなりません。賃貸面積は、賃料査定だけでなく、他の収支項目の適否把握にも影響する非常に重要な項目です。よって、これはバリュエーション上欠かせない調査項目の一つです。

20 年前は平面図に鉛筆で線を引いて**三斜求積**で計測していました（いま思うと原始時代みたいです）。そんな頃と比べると（ソフトさえあれば）簡単に概測できてしまいます。ぜひやってください。

＊**共用負担**：専有部のほか、トイレや給湯室、エレベーターホール等の共用部面積を各貸室の賃貸面積に加算して賃料を算定する方法。

Column　処分事例とバリュエーション①（賃貸面積の確認）

「投資法人の運用資産に組み入れる不動産の取得時などに、本来行うべき審査等の業務を適切に行っていなかった」（2006年7月21日付処分事例）の具体的理由の一つとして「賃貸面積を確認しないままの取得」が示されています。これはリリースによると次のような内容です。

「テナント付きの物件について実際の貸付面積を計測しないまま投資法人の資産として取得し、そのまま貸し付けを行ったところ、テナントからの指摘により、契約面積が実際より約55㎡広いことが判明した」

この事例では、過年度の賃料分をテナントに返金する対応が行われています。これが投資法人負担であったならば、当然ながら投資法人に損害を与えたことになります。また、契約面積を前提にバリュエーションを行っていたならば、そもそもの取得価格が過大であり、不当に高い金額で投資法人に取得させ、損害を与えたということにもなります。

賃貸借契約に共用負担が明示されたうえで契約していたのか、共用負担が明示されないまま契約していたのか、それとも、そもそもまったく何の根拠もない数量で契約していたのか、テナントとの契約の背景はわかりません。

この事例から得られる教訓は、次のことがあった場合、処分を受けるおそれがあるということです。

- NRAチェックの未実施
- 賃貸借契約における契約面積の未確認
- 賃貸借契約における共用負担文言の未確認

これらの確認さえしておけば、あらかじめ対策を講じることは可能だったはずです。

⑤グロス契約の取り扱い

グロス契約になっているものの多くは、建物が**一棟貸し（シングルテナント）**の場合です。この場合、バリュエーションにおけるキャッシュフローについて、シングルテナントをベースとしてグロス面積で査定するか、マルチ化を前提に査定するかの判断を迫られます。当該賃貸借契約が未来永劫（えいごう）維持される想定はできません。また、一棟貸しの賃貸需要は多くないため、リテナント後も同じく一棟貸しができるという想定をすることも現実的ではありません。よって、やはりマルチ化を前提にバリュエーションを行うこととなります。「現テナント退去時まで付着する賃借権をどう評価するか」という問題が生じますが、それ以外は本来の評価と変わりません。

収支構造について見ると、シングルテナントの場合、本来は共有部にかかる水道光熱費や建物管理費がテナント負担となっているのが通常です。よって、マルチ化を想定した場合にはキャッシュフローも大きく異なることとなります。

このマルチ化をどのタイミングで想定するかは非常に難しい問題です。解約条件が残存契約期間の賃料全額支払いである定期借家契約の場合は、少なくとも残存契約期間内はシングルテナントとしての収支を予定することが合理的でしょう。一方、6か月前予告で解約可能な普通借家契約になってしまっている場合には、早ければ半年後にマルチ化してしまう可能性があります。

この場合のバリュエーションは、DCF 法の適用が最も合理的と考えられます。DC 法を用いるにしても、合理的な説明のためには、「マルチ化を前提とした価格に、予測される現テナントの継続入居期間に発生する超過収益の割引現在価値を加算する」方法など、DCF 法的処理が必要になります。

Column　マルチ化までのタイミング

シングルテナントのオフィスビルは多くの場合、自社ビルとして建築された建物をセールス＆リースバックで売却することにより発生します。そのような場合の建物の設計は、自社使用を前提としていたために、賃貸上不合理なものになっていることがよくあります。例えば、転用（賃貸）困難な過剰な休憩スペースが設けられていたり、セミナールームや社員食堂など特殊な利用を前提とした居室が設けられていたり、貸室分割をまったく想定しない（しようとすると賃貸面積が大きく減少する）設計となっていたりする例があります。

こうした場合には、マルチ化することでキャッシュフローが大幅に減少します。場合によっては、現状の（一棟貸しの）キャッシュフローから数十%も減少してしまうこともあり、これを取り込んでしまうと、競争力のあるバリュエーションは到底できなくなります。しかし、少なくとも明らかなのは、いずれはマルチ化するということです。そう考えると、シングルテナントに関する論点は、「マルチ化するタイミングまでの期間をどう読むか」の問題にすぎないということができます。

もちろん、その読みは難しいものです。中長期継続するというシナリオを書く場合、「テナントは近年当該物件に○○円の設備投資を行っている。よって、退去は考えられない」という比較的合理的っぽく見えるものから、「テナントにとって本物件は長年継続利用している当該エリアの重要な拠点である。よって、退去は考えられない」という無理筋なもの（そういった拠点が統廃合されることも移転することも、まったく珍しいことではありません）まで、勢いでいろいろな説明がなされます。20年残ってくれる先もあれば、2年もたたず退去する先もあり、その結果はまちまちです。いずれにせよ、退去後のキャッシュフローを把握しておくことは（それをどう評価に織り込むかはともかく）重要なことです。

⑥貸室分割

既存ビルの貸室面積とテナントの需要面積とは、常に一致するものではありません。ワンフロア200坪の空室があった場合に、100坪の需要があったとします。この場合、賃貸人側は、当該需要を見逃すか、貸室を分割して一部でもリーシングを進めるかの判断に迫られます。「空室損を少しでも縮小したい」というのが多くの賃貸人の思考です。ビルグレードの維持を強く選好する場合や極端な細分化となる場合など特別な理由がない限り、分割して賃貸する考え方が一般的です。特にテナント需要が少ない時期には、「空室をいかにして解消するか」が賃貸人の悩みの種ですので、いつ来るかわからないフロア貸しのテナントより、目先の分割テナントを取り込むインセンティブも強く生まれます。

オフィスビルは、そもそも分割を前提とした設計の物件と、分割を念頭に置いていない物件とに明確に分かれます。特に影響が大きいのが「2方向避難を確保できるか」という問題です。建築基準法により、貸室には2方向避難の確保が求められます*。通常、当初設計時にはこれを確保した設計とされていますが、地形や想定する需要ボリュームなど建築当時の事情によって、分割にまで配慮した設計とはなっていない場合も多々あります。

例えば次図のプランを見てみましょう。

貸室分割時に賃貸面積の減少が生じる設計例

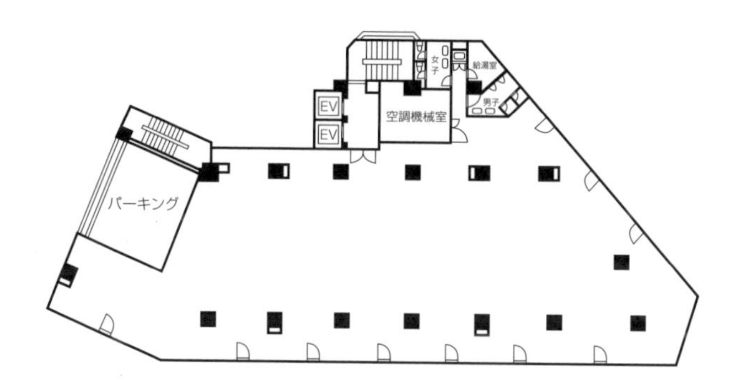

*…**求められます**：建築基準法施行令121条

まず、トイレや給湯室が右上に位置しているので、ここまでの廊下を確保する必要があります。また、避難階段の一つが左側部分にあるので、ここまでの廊下も設ける必要があります。

結果、貸室分割を前提とすると、ネット面積は次図の範囲に縮小します。

賃室分割によりネット賃貸とする場合

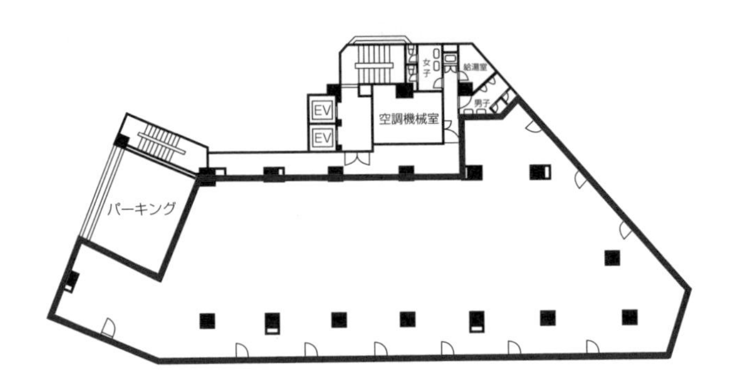

2方向避難不充足は人命に関わる問題であり、信託契約やローン契約においても容認されません。よって、これを充足しない分割を行うことはできません。貸室の分割可能性は､特に賃貸市況悪化時のキャッシュフローに少なくない影響を与えます。よって、フロアプランを単なる貸室形状の相違ととらえるのではなく、分割可能性を通じてキャッシュフローに影響する要素として、適切に認識する必要があります。

Column　違法な貸室分割

通常、証券化された不動産について、新たに遵法性違反が発生することはありません。「遵法性違反が起きた場合は是正を要し、市場性に影響を与える」という共通理解があるためです。しかし、2方向避難不充足となる貸室分割は、証券化後の運用中にでもよく発生する違反の一つです。これは、アセットマネジメント担当者またはプロパティマネジメント担当者の法規に対する認識不足が原因かもしれませんし、空室解消を早期に求められるプレッシャーが原因かもしれません。または、「フロア貸しのテナントから貸室の一部が返却され、当該返却部分を新たに貸し出す」という場合に、建築基準法適合の意識が希薄になるからかもしれません。しかし、いったん2方向避難に関する違反が生じてしまうと、その解消は極めて困難なものとなります。正攻法で行けば、避難階段をふさいでいるテナントの貸室を一部返却させ、共用廊下を新たに設けることで2方向避難を確保することとなります。しかしこれには、当該テナントとの調整の問題（承諾してくれるとは限りません）および賃貸面積の減少の問題（キャッシュフローは小さくなります）、工事費や補償などコストの問題が生じます。ほかの方法としては、避難器具設置により避難階段とは別の避難経路を確保する方法（テナント調整や行政協議が必要となりますし、原則として**避難階***直上の階でしか実現できません）、避難階段をふさぐテナント専有部を緊急時の避難経路として利用する方法（避難階段側テナントの情報セキュリティの問題やテナント調整、行政協議、開錠装置等の問題が生じます）などがありますが、いずれも第三者性を伴い、論点整理の難易度は低くありません。このように、貸室分割に伴う遵法性違反は「発生しやすいわりに整理が困難」という厄介な事象です。運用中はこれが生じないよう注意を払う必要がありますし、取得時にはこれを見過ごさないよう注意を払う必要があります。なお、この問題はエンジニアリング・レポートにおける調査でも見落とされがち*ですので、その点にも重ねて注意が必要です。

＊**避難階**：敷地外に直接避難できる１階部分。

＊…**見落とされがち**：見落としがあった場合、「テナント専有部に入室できず、調査スコープ外であったため」といった言い訳を聞くこともありますが、平面図およびテナント看板を見れば推測できることであり、調査会社の能力不足に起因するケースが大半です。

⑦レジデンスの場合

レジデンスについては、賃貸可能面積と契約面積が大きく相違するということはほとんど生じません（計画変更前の設計図に基づく数量を用いてしまい、それが延々と利用され続けるというケースもまれにありますが、これがあったとしてもさほど大きな数量の相違は発生しません）。投資法人運用会社などの丁寧なプレイヤー（運用ガイドライン等による制約が厳しい先）においては、各住戸についても念のため賃貸面積検証を行うケースがあります。なお、レジデンスについては、メーターボックスやパイプスペースを賃貸面積に含めるか否かという論点があります。それほど大きな相違にはなりませんが、意匠図上記載されている数量はケースバイケースであり、計算過程を確認しなければ明らかにできない点には留意が必要です。

■賃料査定

賃貸面積確定ののち、次に行うプロセスは**賃料査定**です。

①賃貸市場

不動産賃貸の需要量と供給量は常に変化しており、賃料はその需給の結果として決定されます。よって、現在成約する賃料が将来において適正とは限らず、1年後には割高となっていることも割安となっていることもあります。

収益還元法は「単年度の純収益を資本化して価格を求める」アプローチですので、この収益は中長期安定的なものでなければなりません。よって賃料としては、評価時点において、中長期安定的と考えられる市場賃料を採用する必要があります。

東京ビジネス地区平均賃料

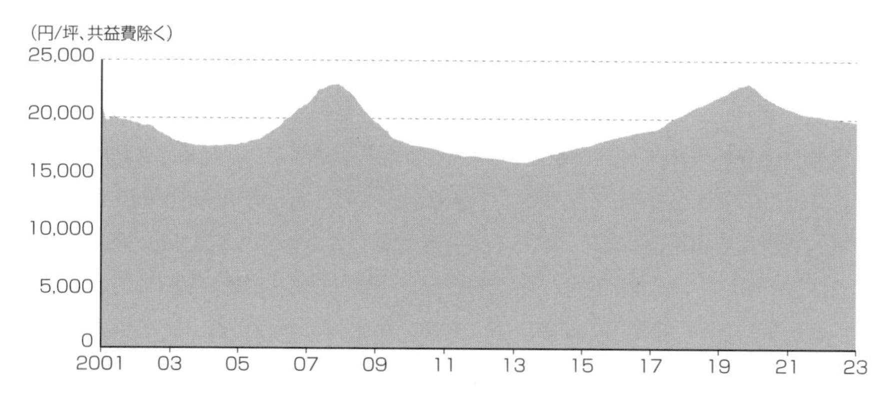

出典：三鬼商事「マーケットデータ*」

②賃料査定の方法

賃料査定においては、様々な方法を併用して、適正値を求めていくこととなります。具体的には次図のような情報が有益なものとなります。

賃料査定時の参考情報

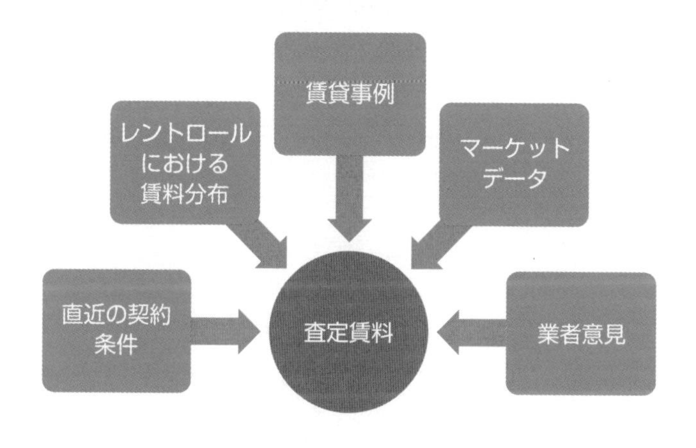

***マーケットデータ**：千代田区・中央区・港区・新宿区・渋谷区内にある基準階面積 100 坪以上の主要賃貸ビルにおける募集賃料。

③直近の成約条件

対象不動産に付着している賃貸借契約における賃貸条件を一覧化した資料が**レントロール**です。そして、対象不動産の直近の成約事例が最も信頼性の高い事例資料となります。

各物件の立地やスペックに同じものはありません。そして、不動産の賃料はスペックや立地等の条件を所与として形成されます。よって、ある賃料成約情報を参考として賃料を査定する場合、常にこれらの条件を比較して、（必要に応じて）補修正しなければなりません。対象不動産に係る成約事例（館内の新規成約事例）であれば、時点や取引事情を除く諸要因の補修正が不要ですので、より精度の高い情報となります。

多くの場合、所有者における運営管理上、おおむね次表の構成でレントロールが作成されています。

レントロールの例

	テナント	契約面積（坪） A	賃料 B	共益費 C	共込賃料 D（B＋C）	坪単価 D÷A	保証金
6F	A社	30	300,000	90,000	390,000	13,000	3,000,000
6F	B社	110	990,000	330,000	1,320,000	12,000	2,970,000
5F	C社	140	2,100,000	420,000	2,520,000	18,000	21,000,000
4F	D社	180	1,980,000	0	1,980,000	11,000	10,080,000
3F	E社	140	840,000	420,000	1,260,000	9,000	10,080,000
2F	空室	140					
1F	F社	60	1,020,000	180,000	1,200,000	20,000	6,120,000
計		800	7,230,000	1,440,000	8,670,000		53,250,000

この例では、「坪単価」欄記載の数値が、各貸室契約における賃料単価を指します。前記のとおり、賃貸市場は常に変動しています。よって、坪単価にはある程度のばらつきが生じるのが通常です。このとき、最も参考となる坪単価は、最も直近で成約した賃貸借契約のものです。例えば、この例においてA社との契約日（更新日でなく原契約日）が最も新しいのであれば、市場賃料は13,000円/坪との推定が成り立ちます。また、E社との契約日が最も新しければ9,000円/坪が適正との推定が成り立ちます。

もちろん、いくら直近の契約事例であったとしても、その時点から現在までの間に市場の変化が生じている可能性もあります。その場合には、当該賃料の信頼性は下がりますし、補修正を施す必要も出てきます。

また、賃貸借契約成立の背景には諸事情がある場合もあります。例えば、「多くのフリーレントを付与することとの交換として、高い賃料（単価）で契約する」ようなこともありますし、「成約まで長期間をかけて（長期の空室に耐えて）、高い賃料のテナント獲得した」ようなケースもあります。こうした特別な事情がある場合には、その賃料（単価）は市場の実勢を反映したものではない可能性があります。よって、こうした諸事情がないかどうか、賃貸借契約書（特に特約条項）や所有者への質疑を通じて確認し、事例資料として取り扱うのが適切かどうか判断することが必要です。

Column　レントロールの読み方

レントロールから、経済条件以外の重要事項の端緒を読み取ることができる場合もあります。例えば、先掲のレントロールからは以下の確認すべき事項①～③が読み取れます。

①６階：貸室分割が推定されるが、2方向避難はとれているか。
∵貸室分割後の合計値が、基準階面積と推測される140坪と一致しているため。

	テナント	契約面積(坪) A
6F	A社	30
6F	B社	110
5F	C社	140

② 4階:契約はセミグロスではないか(とした場合、NRAベースでの坪単価はより高くなる)。

∵他のフロアの標準的な契約面積を上回っているため。

	テナント	契約面積(坪) A
6F	A社	30
6F	B社	110
5F	C社	140
4F	D社	180

③ 6階B社:保証契約はあるか、貸倒れリスクを手当する必要はないか。
∵保証金が明らかに少ない。

	テナント	契約面積(坪) A	賃料 B	共益費 C	共込賃料 D (B+C)	坪単価 D÷A	保証金
6F	A社	30	300,000	90,000	390,000	13,000	3,000,000
6F	B社	110	990,000	330,000	1,320,000	12,000	2,970,000
5F	C社	140	2,100,000	450,000	2,700,000	18,000	21,000,000
4F	D社	180	1,980,000	0	1,980,000	11,000	10,080,000
3F	E社	140	840,000	420,000	1,260,000	9,000	10,080,000
2F	空室	140					
1F	F社	60	1,020,000	180,000	1,200,000	20,000	6,120,000
計		630	7,230,000	1,440,000	8,670,000		68,430,000

こうした要因の発見が遅れれば遅れるほど、論点整理は難しくなります。端緒として現れる部分を覚えておくことが有益です。

④レントロールに基づく賃料散布図

原契約日の幅が広く、各貸室に効用差が小さい場合には、レントロールに基づき原契約日と賃料とを要素とした散布図を作成してみることも有益です。大まかなトレンドを把握することができますし、現賃料と市場賃料との差（**賃料ギャップ**）の解消について検討する際にも役立ちます。

原契約日別成約賃料単価

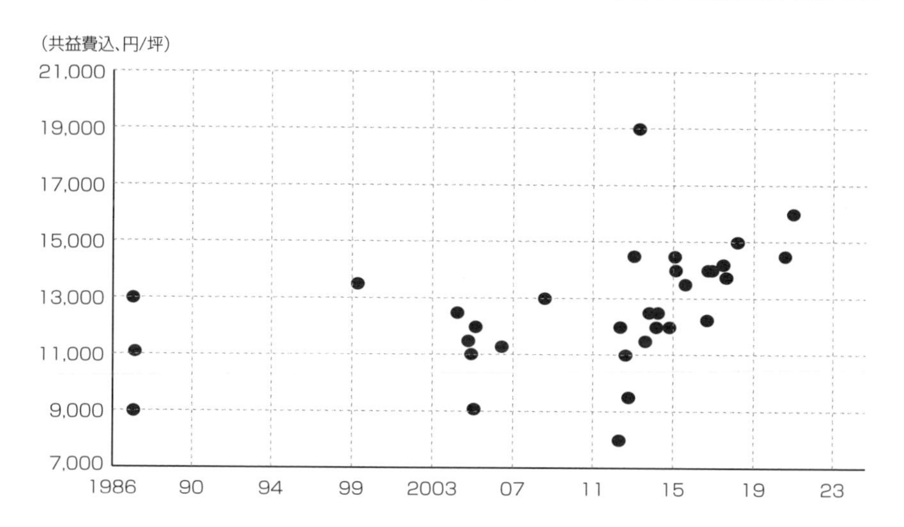

⑤賃貸事例

類似物件の賃貸事例は有益な事例資料となります。例えば、A ビルの成約賃料が 20,000 円 / 坪であったとします。A ビルと対象不動産とは、立地やスペックにおいて同等であったとします。とすれば、対象不動産の賃料は 20,000 円 / 坪程度であるとの推定ができます。また、B ビルの成約賃料が 22,000 円 / 坪、B ビルの立地・スペックは対象不動産の立地・スペックより優れるとすると、対象不動産の賃料は 22,000 円 / 坪を下回ると考えられます。そして、C ビルの成約賃料が 17,000 円 / 坪、C ビルの立地・スペックは対象不動産の立地・スペックより劣るとすると、対象不動産の賃料は 17,000 円 / 坪を上回ると考えられます。こうした賃貸事例による比較や絞り込みを重ねて、対象不動産の賃料にアプローチします。

当然、各不動産には効用差がありますので、これに応じた優劣は明確にすることが必要です。貸室の形状は利用効率に直結しますし、同一建物内でも所在階や建物内の位置により効用が増減することもあります。これらの要素をなるべくそろえた事例資料を採用することが必要です。

▼賃料比較のイメージ

賃貸事例	A ビル	B ビル	C ビル
成約賃料	20,000	22,000	17,000
評価	同等	優る	劣る
対象不動産の査定賃料	➡ 20,000		

⑥マーケット情報

用途によっては、マーケット情報が開示されていることもあり、これらも市況を占ううえで有益に利用できる場合があります。特にオフィスではこうした情報が充実しています。絶対値としての平均賃料は、その対象となる物件と、賃料査定の対象不動産との要因比較を行えません。しかし、「現契約締結時点の市況がどのような状況であったか」の確認手段としては有益です。また、空室率は賃料の先行指標となるため、空室率のトレンドを見ることは、賃料の先行きを占うのに役立ちます。

Column　賃料サイクル

超過需要があれば価格は上昇し、超過供給があれば価格は下落します。これは不動産賃貸市場でも変わりません。賃貸需要が増加すれば、貸し手優位になり、貸主側はより高額な賃料を設定し、収益の拡大を図ります。反対に賃貸需要が減少すれば、借り手優位になり、貸主側は需要に応じた水準まで賃料を減額します。そして、市場空室率は不動産賃貸市場の需給バランスを示すものにほかなりません。

過年度のオフィスのマーケットデータを見てみると、空室率は常に賃料に先行しています。空室率が低下傾向に反転すると、これに遅れる形で賃料は上昇し始め、空室率が増加傾向に反転すると、これに続いて賃料は低下し始めます。

空室率と賃料の相関

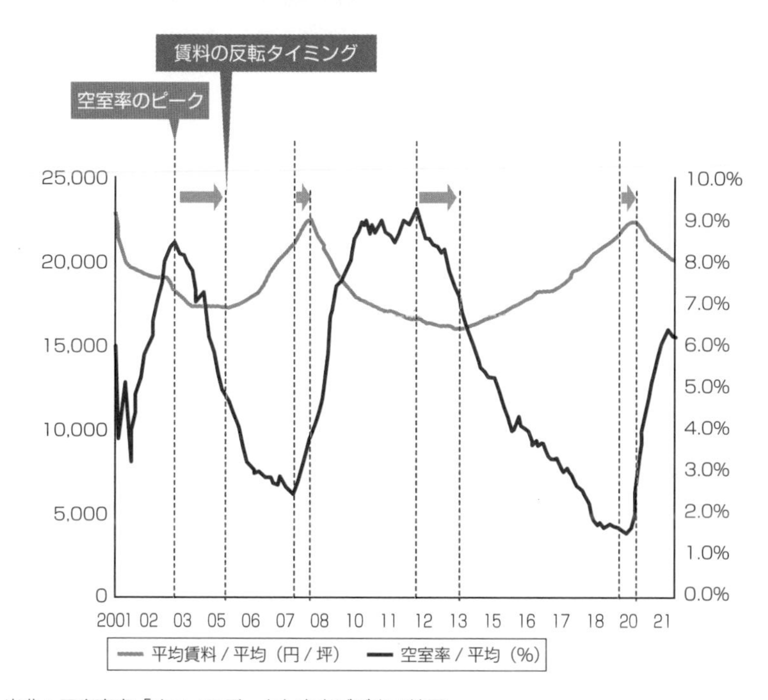

出典：三鬼商事「オフィスデータ」東京ビジネス地区

「どのタイミングが空室率のピークとなるか」を読むのは難しいですが、賃料が需給バランスの結果として決定されるものである以上、現在が賃料サイクルのどこにあるかの理解なくして、中長期安定的な賃料査定は行い得ません。

⑦マーケットレポート・精通者ヒアリング

賃料査定を補完する手段として、専門業者による**マーケットレポート**を取得する方法や、これに代えて**精通者へのヒアリング**を行う方法があります。いずれもコスト負担やリソースが必要となりますが、直接の市場（ここでは賃貸市場）参加者の意見は、貴重な情報です。ただし、いいかげんに回答されてもわからないので、取引に伴って一定の責任を持つ精通者（例えばPM候補者）などであることが望ましいと考えられます。

Column　お買い得なマーケットレポート

マーケットレポートは、コスト負担は生じるものの、便利に使えるサービスの一つです。例えば、「マーケットレポートを参考に査定した」とする賃料は、（その正確性はともかく）自己査定による賃料に比べて疑義が持たれにくいものです。わざわざコストをかけて専門家に書かせたレポートですので、それ自体が一定の権威を持っています。そして、そうした専門家（自称かもしれませんが）の意見は、自身の専門性がよほど高いという自信がない限り、異議を唱え難いものです。よって、様々な意見が出やすい賃料査定という分野において、レポート取得はディールをスムーズに進めるための有益なツールの一つとなります。そのほか、賃料査定がマーケットレポートに基づいて行われたものであれば、それが間違っていた（または大きく外れた）場合にも、担当者は責任回避しやすくなります。レポートを取得することで、「最善の注意を払った」という外観もできますし、それどころか「査定を外した専門家（レポート作成会社）が悪い!」と責める側に回ることさえできてしまいます。その意味において、たかだか数十万円のマーケットレポートは安い買い物かもしれません。

■賃料ギャップ

既存賃料と市場賃料の間に、マーケットの変化等を原因とする賃料差（いわゆる**賃料ギャップ**）が発生している場合があります。その場合､これをどのようにバリュエーションに織り込むかが論点となります。賃料ギャップは、それが「①市場賃料が既存賃料を上回る場合」と「②市場賃料が既存賃料を下回る場合」とで取り扱いを異にします。

①市場賃料が既存賃料を上回る場合

市場賃料が既存賃料を上回る場合、貸主はテナントに対して市場賃料水準への賃料改定を求めます。しかし、貸主による一方的な改定は認められないため、テナントとの協議により妥協点を見いださなければなりません（場合によっては調停や訴訟に発展します）。

まず、貸主側は、いくら賃料ギャップがあろうとも、テナントを立ち退かせることはできません。借家権が借地借家法によって保護されるためです。よって、市場賃料まで至らなくとも、交渉によって、できるだけこれに近い水準まで賃料を改定しようとします。

一方で､テナント側にとっては望まぬ交渉でも､ある程度これに応じざるを得ません。通常、賃借契約には賃料不増額特約は定められておらず、経済情勢等に応じた賃料改定条項が規定されていることが多いためです。この場合、テナントは他物件に移転することによって現状と同等の満足を受けることはできません（できるとしても相当の立地やスペックの悪化が必要となります）。よって、貸主側もテナント側も、できるだけ自らに有利になるように交渉を進め、いくばくかの賃料改定が実現します。ただし、その程度は、大雑把にいえば、特別な事情がない限り賃料ギャップの 50％以下、多くの場合は既存賃料の５～ 10％程度にとどまります。なぜならば、賃料改定交渉が不調に終わった場合に直面する調停や訴訟などの法的手続きでは、不動産鑑定評価における継続賃料の概念が用いられるところ、特別な事情がない限り、賃料ギャップがすべて解消する評価額は算出されないためです。

よって、貸主側もテナント側も裁判所判断を意識しつつ交渉に臨むことになるため、市場賃料を実現する可能性は低いといえます。

Column　賃料増額交渉と鑑定評価

賃料増額請求を行う場合、賃貸人の運用上は「市場賃料を提示し、この水準への改定を求めたうえで、結果として既存賃料と市場賃料の間のどこかで折り合う」というやり方が多く見られます。その場合の提示額はあくまで市場賃料（**新規賃料**）です。一方で、不動産鑑定評価を行う場合に求める賃料は**継続賃料**であり、市場賃料（新規賃料）ではありません。ここで、鑑定評価により得られる継続賃料は、賃料ギャップが発生している場合の公平な利益配分を図った賃料です。すなわち、既存賃料よりも市場賃料が大きい場合には、「既存賃料≦鑑定評価の継続賃料≦市場賃料」となります。よって、鑑定評価を事後的に取得する場合、当初改定を主張していた市場賃料（新規賃料）より低い賃料となる点には注意が必要です。「月額 2,000,000 円の賃料を市場賃料 3,000,000 円に改定したいから 3,000,000 円の（継続）賃料評価を出してくれ」と言われてタジタジとなることもときおりあります（新規賃料としてなら出せたとしても、継続賃料として出すことはまずできません）。革新的（!?）な論理展開（褒めていません）によりこれを実現した鑑定評価も目にしたことはありますが、これを利用した法的手続きは、類を見ないぐずぐずなものとなりました。

Column　鑑定評価における継続賃料の手法

継続賃料の鑑定評価手法には、①差額配分法、②利回り法、③賃貸事例比較法、④スライド法があります。賃料改定の法的手続きに必ずしも鑑定評価が必要なわけではありませんが、鑑定評価を有益に利用できるかどうかの目安として、簡単な計算過程をご紹介します（概略です）。なお、以下いずれも「既存賃料よりも市場賃料（新規賃料）が高い」場合を前提としています。

①**差額配分法**では、既存賃料と市場賃料との差額（賃料差額）を貸主と借主とに配分して継続賃料を求めます。配分率は、特段の事情がない限り公平の観点から貸主と借主とに配分される（例えば折半など）ものとされます。かかる配分が行われるため、結果として「市場賃料(新規賃料) > 鑑定評価による継続賃料」の関係となります。

例：新規賃料 100、既存賃料 50、配分率 50％とした場合、継続賃料は

75 と求められます。
∵既存賃料 50＋(新規賃料 100 －既存賃料 50)×配分率 50％

②**利回り法**では、既存賃料を当該合意時点の基礎価格（≒積算価格）で除して求めた継続賃料利回りを、価格時点の基礎価格に乗じて継続賃料を求めます。基礎価格が上昇または低下している場合にはこれに応じて高いまたは低い継続賃料が求められますが、新規賃料の変動に対して基礎価格の変動幅は小さいことが多いため、結果として「市場賃料(新規賃料)＞鑑定評価による継続賃料」の関係となります。

例：既存賃料 50、既存賃料合意時の基礎価格（≒積算価格）1,000、価格時点の基礎価格 1,200 とした場合、継続賃料は 60 と求められます。
∵（既存賃料 50 ÷ 合意時点の基礎価格 1,000)×価格時点の基礎価格 1,200

③**賃貸事例比較法**では、継続賃料の賃貸事例から継続賃料を求めます。比較可能性を有する賃貸事例の収集が不可欠ですので、適用できる局面は限定的ですが、適用できた場合には客観性を有するため、説得力が高い手法です。オフィスビルの１区画を評価する場合など、賃貸人側で他の区画の賃料改定事例を提供できる場合には、適用可能性が高まります。市場賃料まで賃料改定が行われる事例は乏しいため、結果として「市場賃料(新規賃料)＞鑑定評価による継続賃料」の関係となります。

例：継続賃料の賃貸事例 A：60、継続賃料の賃貸事例 B：80、継続賃料の賃貸事例 C：70 の場合、(いずれも補正の必要なく規範性が等しいとすれば）継続賃料は 70 と求められます。
∵（事例 A の継続賃料 60＋事例 B の継続賃料 80＋事例 C の継続賃料 70)÷3

⑤**スライド法**では、既存賃料に、その合意時点から価格時点までの変動率を乗じて継続賃料を求めます。変動率は物価変動率や地価変動率、賃料変動率等経済情勢の変動を表す指数のうち、価格牽連(けんれん)性が高いと考えられる指数を考慮して求めます。どういった変動率を用いるかはまちまちですが、物価変動率や地価変動率は賃料変動率よりも緩やかであることが多いため、結果として「市場賃料(新規賃料)＞鑑定評価による継続賃料」の関係となります。

例：既存賃料 50、物価上昇率 10％、地価変動率 15％、新規賃料変動率 20％とし、これらの変動率がそれぞれ等しく価格牽連性を有すると考えられる場合、継続賃料は 57.5 と求められます。
∵既存賃料 50× 変動率((100＋10)％＋(100＋15)％＋(100＋20)％)÷3

②市場賃料が既存賃料を下回る場合

市場賃料が既存賃料を下回る場合、前記①と同じ結果になるかというと、そうではありません。この場合、テナントには、賃料減額が受け入れられない場合には移転するというオプションがあります。すなわち、市場賃料が既存賃料を下回っているのですから、同等の物件に移転することが可能ですし、その際は即時にテナントにとって市場賃料が実現します（移転コストの問題はありますが、市場賃料が既存賃料を下回っている市況では、賃料下落局面であり、移転先から付与されるフリーレント相当額を移転コストと相殺することも可能です）。したがってテナントは、「賃料改定協議が望む内容で整わなければ移転すればいい」という強い立場に立ちます。

一方で、賃貸人側は、テナントが退去してしまえば、新たにリーシングを行わなければならなくなりません。そうすると、リテナント後の賃料は市場賃料になってしまうだけでなく、リーシングコストやダウンタイムの負担まで発生してしまいます。とした場合、貸主側にとっては現テナントの賃料を市場賃料まで減額してでも退去を防止した方が、経済合理性を持ちます。

よって、テナント側の交渉力は強く、貸主側の交渉力は弱い状態となり、市場賃料実現の可能性は高いといえます。

③バリュエーションにおける賃料ギャップの取り扱い

「賃料ギャップをどう取り扱うか」には様々な考え方がありますが、主には各プレイヤーの立ち位置（アセットマネジメント会社か、レンダーか）やプレイスタイル（コアかオポチュニスティックか）によって、方針を異にします。

・低い方を採用する考え方

借家人が借地借家法で保護されることを重視し、既存賃料（既存賃料＜市場賃料の場合）または市場賃料（既存賃料＞市場賃料の場合）を採用する保守的な考え方です。かかる方法でのバリュエーション結果は価格競争力を持たないため、特に売買市場の需給が逼迫（ひっぱく）している局面では採用されません。レンダーなど、自ら物件をコントロールできないプレイヤーにおいて採用されることがあります。

・高い方を採用する考え方

賃料改定交渉（または立ち退き交渉）の成功を前提とし、市場賃料（既存賃料＜市場賃料の場合）または既存賃料（既存賃料＞市場賃料の場合）を採用するアグレッシブな考え方です。かかる方法でのバリュエーション結果は価格競争力を持ち、売買市場の需給が逼迫している局面で採用されることが多い方法です。実現には強力なテナント交渉（場合によっては訴訟を行う覚悟）が必要となるため、特に積極的な運用を行うプレイヤーにおいて用いられます。

・改定を見込むものの、一定の上限割合を設定する考え方

市場賃料への回帰は想定するものの、借地借家法による保護やテナント入居期間をコントロールできない事情等に鑑み、既存賃料に賃料改定やリテナントの実現性による補正を行った金額をもって賃料を把握する方法です。補正率は、標準的な賃料改定率や、テナント回転率等を参考に決定されることが多いようです。

例えば、市場賃料が 15,000 円 / 坪、既存賃料が 11,000 円 / 坪であった場合、「賃料改定を見込むもののその程度は既存賃料から± 20%を上限とする」ような考え方です（結果 13,200 円 / 坪が査定賃料となります）。

Column　継続賃料評価と報酬

賃料改定交渉において、賃料の妥当性を示す根拠資料として**不動産鑑定評価**が用いられることは多いのですが、不動産鑑定士が鑑定評価のご依頼の相談を受けても、実現しないことが多々あります。

まず、継続賃料の鑑定評価は最も多くの評価過程を経なければならない類型であり、そもそも相当の手数がかかります。しかも、利益の相反する相手方に示す資料となるため、通常、相手方からの指摘に備えた緻密な評価を行う必要があります。さらに、裁判の過程において、相手方から鑑定評価に対する批判が重ねられます。この批判は、根拠資料としての鑑定評価をアタックして、信頼性を低下させることを目的とするため、かなり攻撃的な内容となります――「このような評価を行うとは噴飯ものである」なんて、現実世界で聞いたこともないような表現がアタックのために用いられることさえあります。辞書によると「噴飯もの」とは「食べかけの飯をこらえきれずに噴き出してしまうほどに、おかしくてたまらない出来事」を指すようです。食事中に読む（!?）なんてひどい話ですね――。こうした批判に耐え、さらにこれに対する反対意見を求められ、批判合戦が何ターンも繰り返される、といったことも多いのです。

そのような事後対応に相当の手間と精神力を要するため、その報酬は自ずと高いものとなります（数十万円の報酬ではまったく割に合いません）。

これは不動産鑑定士側の事情ですが、それなりのフィーが必要となり、結果として訴訟コストを押し上げます。鑑定評価を用いて行う賃料訴訟は、鑑定報酬が回収できる程度の賃料収受が見込まれる事案（比較的規模がある事案）に、結果的に限られてしまっています。

④賃料固定マスターリース（レジデンス）

賃料固定マスターリースが付着している場合、キャッシュフローはマルチでエンドテナントに貸し出す場合と比べて、大きくまたは小さくなります。不動産賃貸事業としての収益構造は原則として変わらず、賃料固定マスターレッシーにも事業者としての利益が必要です。よって本来、賃料固定マスターリースにおける賃料は、マスターリース事業者利益を確保できる水準でなければなりません。次図のように収入と支出がバランスしなければ、マスターリース事業は成立しません。

▼賃料固定マスターリース事業者の収支バランス

収入	支出
エンドテナントからの賃料 一時金収入	マスターリース賃料 リーシングコスト （原状回復コスト） （更新料手数料等） マスターリース事業者利益

よって本来、賃料固定マスターリースが導入されているケースにおけるキャッシュフローは、エンドテナントを前提としたキャッシュフローを下回るはずです。

しかしながら、現実的にはこれは必ずしも当てはまりません。マスターリース事業者が、通常のエンド賃貸を前提としたキャッシュフローを上回る賃貸モデルを持っていることがあるためです。例えば、マンスリーマンションとして利用している場合には、短期利用を認める代わりに、その賃料は普通賃貸借を前提としたものよりも高く設定できます。社宅や学生向けなどの独自のビジネスモデルを持つマスターリース事業者は、高い収入を獲得できる（または支出を抑えられる）ことがあり、同じく高いマスターリース賃料を負担できることがあります。その結果として、固定マスターリース賃料はエンド賃貸を前提とする賃料よりも高く設定される場合があります。

こうした賃料差は、これらの事業者の事業利益にほかなりません。よって、これに基づく超過収益が計上されていたとしても、それは本来の当該不動産自体の収益力に基づくものではありません。よって、かかる超過収益を一定程度バリュエーションに織り込むにしても、それを無邪気に収入計上することは適切ではなく、「付着している（高収益の）契約をどう評価に反映するか」という問題としてとらえるべきです。

当該マスターリース契約が定期借家契約である場合には、比較的取り扱いやすいです。「当該期間はマスターリース契約が維持されるものとし、その後解消される」想定を立てればいいからです。しかし、普通賃貸借である場合、その取り扱いはより難しいものとなります。我が国の借地借家法は、マスターリース契約である場合も借家人を保護しており、結果として賃貸人は契約期間をコントロールできないためです。

•「マスターリース賃料＜エンド賃料」の場合

この場合には、賃料固定マスターリース契約が解消された場合、キャッシュフローは上昇することとなります。よって、潜在的にはキャッシュフロー上昇の余地がある物件といえます。しかし、それがいつ実現されるのかを合理的に予測することは困難です。その場合のバリュエーション方法としては、次のいずれかの方法が考えられます。

・現行キャッシュフローを用い、将来のキャッシュフロー上昇にかかる（マイナスの）リスクプレミアムを加えたCAPレートを採用する方法
・エンド賃貸を前提としたキャッシュフローを用い、マスターリース契約が維持されるであろう期間に相当する過少収益に応じた（プラスの）リスクプレミアムを加えたCAPレートを採用する方法

•「マスターリース賃料＞エンド賃料」の場合

この場合には、賃料固定マスターリース契約が解消された場合、キャッシュフローは低下することとなります。よって、潜在的にはキャッシュフロー低下リスクがある物件といえます。だからといって、当該マスターリースの解約に直面しているわけではなく、賃料固定マスターリースに基づくキャッシュフローが継続する可能性もあります。その場合のバリュエーション方法としては、次のいずれかの方法が考えられます。

・現行キャッシュフローを用い、将来のキャッシュフロー低下にかかる（プラスの）リスクプレミアムを加えたCAPレートを採用する方法
・エンド賃貸を前提としたキャッシュフローを用い、マスターリース契約が維持されるであろう期間に相当する超過収益に応じた（マイナスの）リスクプレミアムを加えたCAPレートを採用する方法

・リスクプレミアムの定量化

前記のリスクプレミアムの査定は、現実的には相当に困難です。定性的にプラスかマイナスかは把握できますが、それがどの程度か（+0.1%か +0.2%か）の定量化は機械的に行えるものではありません。よって現実的には、キャッシュフローの乖離の程度や契約条件など個別的な諸事情を勘案し、数値を置いていくことが精いっぱいのところだと思われます。その査定をどのように行うにしろ、エンド賃貸を前提としたキャッシュフローは非常に重要な要素となります。乖離の程度がわからないと、リスクの見方もわからないためです。エンドベースのキャッシュフローとの比較――これはどの場合にも欠かせません。

Column　怖いマスターリース

マスターリース物件においては、その収支が（ほぼ）完全にマスターリース契約に依存しています。よって、マスターリース契約の更新時期が近づくと、関係者はそわそわし始めます。「不払いや賃料減額請求が発生する前に、入替や処分をした方がいいのではないか」という声も聞こえるようになります。

ここで面白いのは、取得時は楽観視し、売却時は悲観的になることが多い点です。取得時は「賃料支払原資は安定的であり、リテナントも容易」だという堂々とした説明がなされます。しかし、既存契約に変更の兆候が見られた際には、どんどん悲観的になっていきます。もちろん、取得後に市況の変化があったということもあると思います。しかしその実は、購入圧力が強く、取得時に目をつぶったという事情が多分にありそうです。

マーケットを基準としてバリュエーションを行っておいたうえで、超過収益はあくまでおまけとして取り扱う――そんな買い方であれば、更新期を恐れる理由は何もなかったはずです。もちろん、そんな評価をすると買えなかったかもしれません。しかし本来、運用会社のビジネス機会と投資主のリスクリターンとは、同じ天秤（てんびん）にかけるべきものではないはずです。特にマスターリース物件ではこうした勇み足が生じがちであり、十分な注意が必要な事案です。「沖縄」「中国からの資金」「ホテル開発」「湾岸」など、香ばしい（よく注意をすべき）キーワードはいくつかありますが、「（賃料固定）マスターリース」もその一つです（これらがすべて投資に不適切という意味ではありません）。

■フリーレント、レントホリデーの取り扱い

既存契約の賃料に影響を与える要素として、フリーレントやレントホリデー等が事実上の値引きとして実施されている場合がある点に注意が必要です。

①フリーレント

フリーレントは、移転を行うテナントにおける2重家賃の発生を回避するため、受け入れ先のオフィス側の賃料発生を遅らせる手法です（もともとは）。オフィスにおけるテナントが移転する場合の商習慣を見てみると、賃貸借契約においてテナントの解約予告期間は慣行上「6か月前予告」とされることが通常です。この場合、テナントは移転前オフィスへの解約予告を行い、新規オフィスへの入居準備を行います。ここで、賃料が重複しないよう調整が利けばベストです。しかし、移転作業や原状回復工事期間等の問題が生じるため、ある程度の2重家賃の発生は回避できません。移転先が決まっていない段階では、現在の賃貸借契約についての解約予告は出しづらいものです。

この2重家賃が回避できれば、テナントは移転を前向きに検討できることになります。2重家賃を回避し、テナント移転（**リーシング**）を促進するため、フリーレントはリーシング上よく活用されている手法です。

このフリーレントは現状では、「テナント獲得競争が過熱していること」、「成約賃料単価とバリュエーションとの結び付きが強くなっていること」などを背景として、様々な目論見により用いられるようになっています。例えば、リーシングを促進しなければならない場合でも、賃料単価は下げづらい状況があります。「ローン契約上の**LTVテスト***のため鑑定評価額低下を回避しなければならず、成約単価を下げられない」、「物件売却に備えて、レントロール上の賃料単価を高い水準で維持しなければならない」といった場合です。いずれの場合も、新規の成約賃料が下がってしまうとバリュエーションに悪影響が出るおそれが生じます。こういったときには、リーシング時にフリーレントを設けることで、賃料単価の維持を図ることができ、結果として成約賃料の低下は表面化しません（計算すればわかりますが）。

---

* **LTVテスト**：LTVはLoan to Valueの略で、「ローン金額÷物件評価額（鑑定評価額）」により求める。ローンが毀損するおそれを察知するため、ローン契約上、コベナンツの一つとして定められる。LTVがあらかじめ定められたトリガー値を上回る場合には、配当停止事由等が発生し、ローンの保全が図られるような建て付けとなる。

また、ローン契約上の**DSCRテスト***において、「フリーレント期間中の賃料相当額は、フリーレント相当の収入があったものと見なしてDSCR値を計算する」とする条件が付されている場合もあります。この場合には、長期のフリーレントを付してでも入居を促進し、DSCR計算上のキャッシュフローを確保することで、財務制限条項への抵触を回避することができます。

こうした様々な思惑や単純なリーシング上の競争のため、賃貸市況によってはフリーレントが乱発されることがあります。通常の運営上合理的なものもありますが、名目上の賃料を維持するための手当としてこれらの手法が利用されることもあります。よって、「既存賃料がこうしたフリーレントの影響を受けて成立し、結果として将来的に現賃料を維持できないものになっている」可能性を考慮し、契約当時の条件にさかのぼって確認しておくことが肝要です。

②レントホリデー

賃料発生済みの賃貸借契約において、特定の月の賃料を免除する**レントホリデー**という手法があります。これは、賃料減額要請への対応として賃料免除月を設け、賃料減額と類似の経済効果をテナントに付与する代わりに、表面上の賃料を維持するものです。例えば、コロナ禍のもとで売上の低迷した店舗テナントに対し、レントホリデーが付与された事案は多く認められました。貸主側としては、賃料の減額改定はバリュエーションの低下を招くため、できるだけ避けたいものです。このとき、賃料改定ではなく、一時的にレントホリデーを付すことでテナントが満足するのであれば、それに越したことはありません。

---

* **DSCRテスト**：DSCRはDebt Service Coverage Ratioの略。LTVテストと同じく、コベナンツの一つとして定められる。借入金の返済と、返済に充てられるキャッシュフローの倍率を測るものであり、これがあらかじめ定められたトリガー値を下回る場合には、配当停止事由等が発生し、ローンの保全が図られるような建て付けとなる。

レントホリデーは状況によっては、過剰なフリーレントと同じく、当該契約賃料を割り引いて考えるべき端緒となる事象です。賃料減額請求があったテナントへの対応として、賃料減額を撤回させる代わりにレントホリデーを付すような対応もよくとられます。さらには、「毎年○月はレントホリデーとする」というような無理のある契約がなされることもあります（ここまでくると賃料減額と実質変わりません。騙される人はさすがにいないんじゃないでしょうか）。

ケースバイケースですが、過剰なフリーレントを伴った契約については、期間分割り引いて考えることが適切な場合もあります。これらは直近のPMレポートやレントロールを見ているだけでは判明しません。「収入実績を確認し、収入が低下している月の入金明細を見る」、「フリーレントやレントホリデー付与の有無に係る照会を行う」、「賃貸借契約におけるフリーレント特約を見る」、「レントホリデー付与に係る覚書を確認する」などによって初めて明らかになります。

これらの手法を利用してバリュエーションを吊り上げようとする試みがなされることは、珍しくありません。原資料の確認や適切なQAによって該当の有無を確認し、レントロール上に表示されている賃料単価に騙されない注意が必要です。

Column　フリーレントの秘匿

ある外資系プレイヤーからオフィスビルを取得する際、引渡書類から、賃貸借契約の関連契約を構成しないフリーレント付与の覚書がいくつも発見された事案がありました。フリーレントの合意を、賃貸借契約書や関連契約・覚書から切り離し、買主に承継されない別書類として締結していました（法的な有効性はわかりません）。開示対象外書類として取り扱うことで、買主バリュエーションへの影響回避を図ったものです。そこまでやるか……と驚きましたが、そこまでやる人もいます。それだけの工作で、キャピタルゲインが拡大する可能性があるのであれば、その手間は安いものです（もちろんリスクとの見合いですが）。

その事案では、それを知ってでも欲しい物件だったため取得に至りましたが、知ったうえで取得するのと知らないまま取得するのとは大きく違います。こういった情報を隠匿して売却する手法もありますので、QAや資料の精査のほか、表明保証による情報のあぶり出し（情報の網羅性や完全性等の確保）は重要です。

3-2 水道光熱費収入

テナントが使用する分の電気料金等は賃料に含まれるものではなく、テナントはその使用量に応じた費用を負担します。こうした電気料金等は、消費者が供給会社に対して直接支払うことが一般的な理解ですが、供給の仕組みや設備上の理由により、消費者たるテナントと供給会社とが直接契約できないことがあります。その場合、供給会社と賃貸人、賃貸人とテナントという二重構造が発生し、この二重構造が発生した場合に**水道光熱費収入**が計上されることになります。

▼水道光熱費収入の定義

項目		定義
水道光熱費収入	＋	対象不動産の運営において電気・水道・ガス等に要する費用のうち、貸室部分に係るものとして賃借人との契約により徴収する収入

■二重構造発生の理由

①電気料金

レジデンスは電柱に設置される変圧器等を通して低圧で受電することができます。よって、供給される電力をそのまま利用できるので、供給会社（電力会社）との直接契約ができます。一方で、オフィス等にあっては、各施設は高圧のまま電気を受け取り、ビル内での受変電設備により低圧電力に変圧する必要があります*。その場合、賃貸人は各テナントの使用電気料を積算電力計でカウントし、使用量と設定単価に応じた

*…**必要があります**：大量の電気を 100V や 200V といった低電圧で受け取ろうとすると、電線の発熱により大量の電気が無駄になる。また、電線のケーブルも非常に太くする必要が生じ、経済的にも施工的にも現実的でない。よって、電力需要が 50kW を超えることが見込まれる施設では、電力会社から高圧（6,600V）での受電が求められる。

電気料相当額を徴収します。そしてこれが供給会社に支払う電気料金の支払原資となります。オフィスの電気料金は、こうした形で二重構造となります。

変圧器を利用した送電網のイメージ

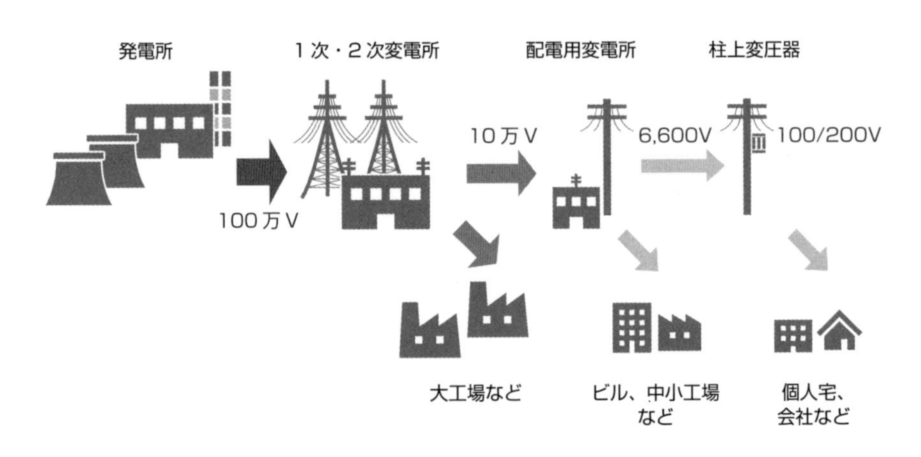

②水道料金

　レジデンスにおいて、各住戸に公設の水道メーターが設置されていることが通常です。しかし、開発時の事情（水道負担金の支払いの問題等）により、各住戸に公設の水道メーターが設置されないことがあります。この場合、テナントからは見做しで水道料金相当額（1戸当たり月額2,000円など）が徴収され、水道光熱費の二重構造が発生します。

■水道光熱費収入のフロー

水道光熱費の流れを例示すると次のとおりです。

①レジデンスの場合

レジデンスの場合、専有部には電力・水道・ガスが供給されます。これらは各供給会社等とテナントとの直接契約となることが通常です。供給会社は、各住戸に設置されたメーターによって使用量を計算し、直接、各住戸に請求を行います。よって、レジデンスにおいては、前記した例外的な場合を除き、水道光熱費は賃貸人を経由せず、水道光熱費収入は発生しません。

レジデンスにおける水道光熱費の流れ

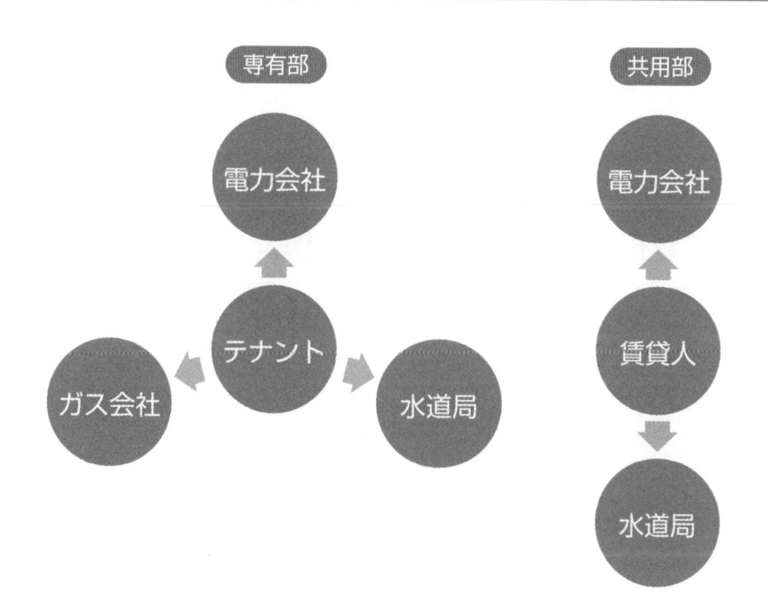

②オフィスの場合

オフィスの場合、電力に関して見れば、テナントと供給会社の間に需給契約は発生せず、テナントと賃貸人、賃貸人と供給会社の二重契約になることが通常です。

オフィスにおける水道光熱費の流れ

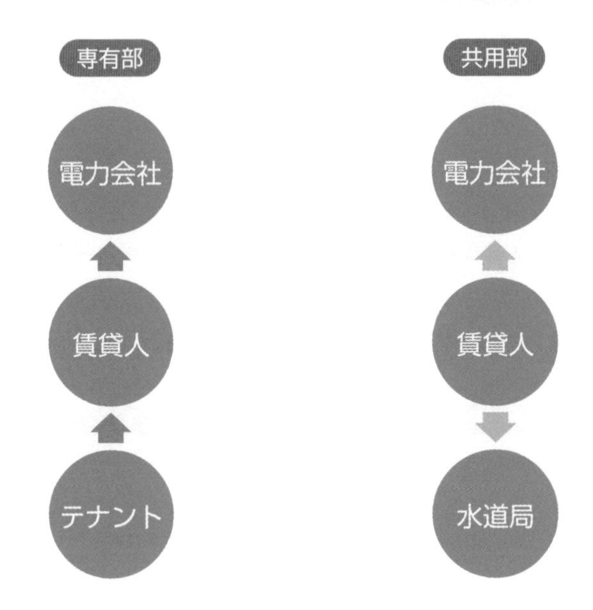

■バリュエーション上の取り扱い

水道光熱費収入は実績額に基づいて計上します。原則としてテナント使用量に連動するため、稼働率との相関性が高い項目です。よって、なるべく安定稼働時の実績を参考として査定することが望まれます。なお、実績値不詳の場合には、収入は計上せず、支出において貸主の持出相当額を計上します。

■超過収益

水道光熱費収入は、本来はテナントが供給会社に支払うべき料金を、賃貸人が預かり、一括して支払っているものです。ただし、不動産は専有部と共有部から構成され、共有部については賃貸人負担となる水道光熱費が発生します。したがって、「水道光熱費収入 ＝ 水道光熱費支出 － 共有部分の水道光熱費」との関係に立ち、「水道光熱費収入 ＜ 水道光熱費支出」となることが自然です。しかし実績を見ると、この関係が逆転し、水道光熱費収支がプラスとなっている場合も少なくありません。

①超過収益の発生原因

水道光熱費は、賃貸人がテナントに対して使用量に応じた請求を行います。ここで請求額は、使用量に電気料金単価を乗じて計算されます（主には「使用量○○kWh × 単価○○円/kWh= 請求額○○円」という計算です)。この電気料金単価は各ビルが独自に決定します。この単価設定が高いビルでは収支差額が縮小し、場合によっては差益が発生します。この単価設定が低いまたは相当であるケースでは持ち出しが生じます。ビルオーナーにより、この単価設定は倍半分異なることもあります。

②超過収益発生時のリスク

電気料金に超過収益が発生している場合には以下のリスクがあります。

- **リテナントの際に単価を維持できないリスク**

極端に高い単価設定は、リテナント時に維持できない可能性があります。電気料金はテナントの負担を構成しますので、テナントはその多寡に関心を持ちます。そして、高単価設定により電気料金負担が重たい物件とそうでない物件とは無差別ではありません。よって、高単価設定による電気料金超過収益が維持できなくなることは十分に考えられ、その場合には想定するキャッシュフローが減少してしまうこととなります。

- **将来の買主がバリュエーション上の収益としてカウントしないリスク**

超過収益の取り扱いについては、既述のとおり、考え方がまちまちです。保守的な考え方では、水道光熱費の超過収益はバリュエーション上の収益とは見なしません。とした場合、将来の買主におけるバリュエーションとの間に相当分の評価ギャップが生じてしまい、結果的に売却額を見誤り、期待した売却益が得られない、または売却損が生じるおそれがあります。

- **テナントによる過払返還請求のリスク**

超過収益部分についての判例は確定していないため、これを過払と整理し、不当利得等を根拠とした返還請求が行われるリスクがあります。

③超過収益とバリュエーション

例えば、水道光熱費超過収益が 10,000,000 円 / 年、CAP レートが 4.0%であったとすると、水道光熱費超過収益を取り込んだ場合の評価額は、取り込まない場合と比較して 250,000,000 円高く計算されます。この金額は、水道光熱費の超過収益相当分を資本化したものにほかなりません。よって、これを不動産価格と考えるべきかという問題が生じます。リテナントが生じたとしても、中長期的に維持され、将来の買主も同じ評価方法をとってくれるのであれば、これをバリュエーションに織り込むことにも一定の合理性はあります。しかしこれは、「同じリスクをとれる買主の出現を想定する」というリスク負担をしていることにほかなりません。

水道光熱費の超過収益を不動産収益としてバリュエーションに組み入れるべきかについては、様々な立場があります。超過収益を組み入れた場合には、当然カウントされる NOI や NCF が増加し、評価額も上昇します。よって、実利を重視する立場からは、理屈はともかく超過収益全額を計上するという方法がとられます。一方で、水道光熱費の超過収益はそもそも不動産収益ではないという考え方があります。この立場からは、超過収益はあえて除外し、むしろ共用部分相当の持ち出しを想定するという方法がとられることもあります。

さらに、超過収益まではカウントしないものの、持ち出しが 0 となる水準（水道光熱費収入 = 水道光熱費支出）まではよしとする考え方もあります。

バリュエーションを行う際またはこれをレビューする際には、いずれの方針をとるかについて、リスク負担を踏まえ、あらかじめ決定しておくべきです。

▼水道光熱費収入についての考え方

	超過収益を認める立場	持ち出しを原則とする立場	持出 0 まで認める立場
リスク負担	大	小	中
バリュエーションの競争力	大	小	中

超過収益を計上すること自体は、直接的には問題ではありません。しかし、意図しないまま超過収益を評価に織り込み、リスクを負担してしまっているとすると、それは大きな問題です。

Column　水道光熱費の超過収益

高い徴収単価を認める立場からは、「受変電設備はテナントが電力を利用するための設備であり、その維持管理や更新に関するコストはテナント側が負担すべき」という主張がなされます。そして、この考え方では、この設備の維持管理費や更新費、テナントへの請求にあたっての人件費等を上乗せして、徴収単価を決定します。結果として、設定される単価は高額となります。

一方で、ビル側が受変電設備を負担するのは当然のことだとする立場もあります。賃貸ビルにおいて各貸室に電気が供給されないことはあり得ません。よって、受変電設備はビル運営上の基本的設備であり、その更新費や維持管理費はコストとして当然に賃貸人負担となるべきだとします。この考え方に立つ場合、その維持管理費や更新費はビル側の負担となり、結果として徴収単価は低額となります。

Column　電気料金単価の判例

電気料金の単価については、ビルオーナーによって倍半分異なる場合があります（高単価設定で有名なオーナーもいます）。ビルオーナーとテナントとの間には情報の非対称性が存在しています。テナントの総務部の担当者は、一般的なビルでの徴収単価を認識していないことも少なくありません。よって高い単価設定がなされていても、これが論点とならないことも多くあります。

下級裁における判決例では、実費の一定の倍率（0.3 倍相当）の上乗せが認められたものや、契約書上に「賃貸人が適正妥当と判断する方法で算出する」とあったことを根拠に上乗せを認められた事例があります。一方で「キュービクルの保守費用は請求できる」とした判決や「上乗せの商慣習は認められない」とする判決、「実費以上の請求は違法」として返還請求が認められた判決も出されており、法的取り扱いは確定していません。

3-3 駐車場収入

対象不動産に駐車場が付設されている場合、この賃貸によって収益が得られることとなります。この収益は当然に不動産に帰属するものであるため、バリュエーション上もこれを収益計上します。

▼駐車場収入の定義

項目		定義
駐車場収入	+	対象不動産に付属する駐車場を賃貸することによって、または時間貸しすることによって得られる収入（満室想定）

駐車場収入は、対象不動産に付帯する駐車場の賃貸に係る収入を計上し、次図の計算式で算定します。

計算イメージ

駐車場台数 × 駐車場賃料 × 12か月 ＝ 駐車場収入

駐車場には、自走式（平面）駐車場、機械式（多段式）駐車場、機械式（水平・垂直循環方式）駐車場など様々なものがあります。機械式駐車場には、その利用に維持・修繕等のコストが伴います。

■駐車場台数

実際に備え付けられており、賃貸に供せる台数を用います。ただし、実際に駐車区画が設けられていても、「縦に２台の駐車が前提となっていて一般の賃貸に供し難い」、「機械式駐車場の運用を廃止しており利用には相当の更新費がかかる」など実態は様々です。また、荷さばき用や身障者用として設計されていて賃貸に供せない場合もあります。よって、意匠図やレントロールに記載された数量は必ずしも賃貸可能とは限らない点に留意が必要です。なお、そもそも駐車場設置台数は需要予測によらず、駐車場条例等による付置義務上の制限を満たす形で設計されていることも多く、結果として大した需要は認められないこともあります。

■駐車場賃料

駐車場賃料は、既存テナントの賃料を参考として査定します。「駐車場専門業者に複数台数をまとめて賃貸されており（マスターリース）、その際の１台当たり単価は安く設定されている」といったケースも多くあります。しかし、当該マスターリースの導入には相当の理由があることが多いため、安易に駐車場収入のアップサイドシナリオはとるべきではありません。なお、地域によっては受け入れ可能な車両サイズによって駐車場賃料が大きく異なる（例えば中型は 32,000 円 / 台、大型は 48,000 円 / 台など）こともあるため、駐車場スペックは賃料と相関するものとして確認することが必要です。また、駐車場需要が乏しいエリアでは、期待される駐車場収入と機械式駐車場の更新費用とがバランスせず、結果として駐車場を廃止する選択が合理的と判断されるケースもあります。その場合は駐車場収入が一気に０となります。よって、相当の築年数の経過した物件（おおむね 20 年程度）については、機械式駐車場の更新可能性も考慮したうえで、収入の計上が妥当か否かを検討することが適切です。

Column　不動産の対価とオペレーションの対価

物件取得後の実際の運用が査定を大きく下回り、発生した評価損が問題となった事案がありました。そのケースでは駐車場マスターリースが設定されており、マスターリース賃料はエンド月極単価のほぼ倍の水準でした。しかし、取得後短期間で解約され、収入が著しく低下しました。

その駐車場マスターリースは時間貸し駐車場として運用しており、時間貸し運用による超過収益によってマスターリース賃料は支払えていたかもしれません。しかし、時間貸し駐車場としての売上は、時間貸し駐車場業としての事業リスクの上に成立しているものです。いくら時間貸しでもうかっていようと不動産収入ではありませんし、バリュエーションに織り込むべきものではありません（こうした時間貸し駐車場業者の賃貸需要が積み上がっており、相場化しているようなケースでは、駐車場賃料の継続性が期待できるため、駐車場収入として計上することもあり得ますが、あくまで例外的なケースです）。その事案では、悪いことに駐車場マスターレッシーは売主の関連会社でした。積極的に騙す意図があったかどうかはわかりません。しかし少なくとも、これはバリュエーションの失敗です。

不動産収入にはときおり、不動産収入でないものが混在することがあります。例えばセットアップオフィスの賃料は高く設定されますが、これは貸室賃料にセットアップオフィスとしての対価（内装や造作の対価）が含まれたものです。これを中長期安定的収益として計上するのであれば、同じく中長期的にセットアップを繰り返すためのコストも費用計上しなければなりませんし、コストだけでなく、セットアップオフィスとしての用途に応じたリスクをバリュエーション上に反映させなければなりません。オペレーションの対価と不動産収益とは厳密に区別する必要があります。

3-4　その他収入

その他収入としては、既述の各収入項目に含まれない不動産収入を計上します。レジデンスでは、礼金や更新料の収入比率が比較的高いため、これらについては独立の収入項目として別建てで計上することもあります。

▼その他収入の定義

項目		定義
その他収入	＋	その他看板・アンテナ・自動販売機等の施設設置料、礼金・更新料等の返還を要しない一時金等の収入

■礼金

礼金は、特にレジデンスや店舗において、契約締結の対価として支払われることのある一時金です。計算式は、空室損相当額を別建てとするかどうかで異なります。空室損を反映する場合の計算式は次図のとおりです。

計算イメージ

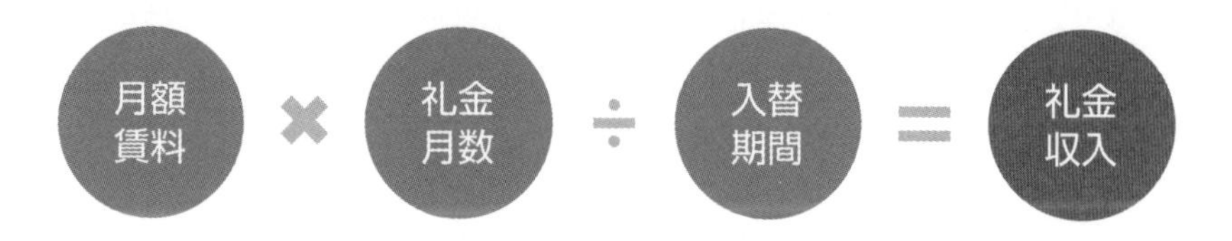

①月額賃料

慣行上、礼金には共益費を含みません。よって、ここで用いる**月額賃料**は原則として「共益費を含まない賃料」となります。

②礼金月数

礼金月数は、0～2か月が標準的です。礼金月数の査定は、競合不動産の募集事例や、過年度の収支実績を参考として行います。ただし、礼金はリースアップ時における調整弁の一つとして利用されることが多い項目であり、同じ物件でも時期や状況によって条件が変わることが多い点に注意が必要です。例えば、募集は2か月で行っていたとしても、テナント交渉において個別にこれを下回った水準（1か月や0か月）で契約することもよくあります。また、キャンペーンと称して、稼働状況の悪化した数か月間、礼金0か月で募集するということもよく行われます。賃貸事例を収集したとしても、名目上記載されている礼金収入が実際に授受されているとは限りません。過年度の収支実績と総額ベースで比較して、過大な設定となっていないかどうか確認することが適切です。

③入替期間

礼金が発生するのはテナントの入居ごとです。そして、テナント入居から次のテナント入居までの間にはリーシングを伴う**空室期間**があります。よって、礼金発生の頻度として用いるのは入居期間ではなく、これに空室期間を加えた**入替期間**ということになります。入替期間という用語は、ダウンタイムを除く入居期間のみを指す意味合いで使われることもあります。実際に指しているものが何なのかをよく確認しないと、計算上の誤りが生じてしまうので注意が必要です。

礼金の発生サイクル

入退去のサイクル	入居	入居期間	退去	空室期間	入居	入居期間	退去	空室期間
礼金の 発生タイミング	●				●			
テナント入替の サイクル	← 入 替 期 間 →				← 入 替 期 間 →			

平均入居期間を４年、空室期間を３か月と査定した場合、入替期間は 4.25 年と計算されます（∵（4 × 12 + 3）÷ 12）。

レジデンスの入居期間は、物件タイプ（単身者向けか、ファミリー向けか）によって異なります。一般的に単身者は比較的転居しやすく、就職や結婚等のイベントにより転居の必要性が生じる場合もあるため、結果として入居期間は短くなると考えられています。一方で、ファミリー向けは比較的転居が生じ難く（例えば、子供がいる場合の学区や交友関係の問題など）、結果的に入居期間は長くなると考えられます。このように、想定される入居者層の生活様式によって入居期間には長短が生じるので、どのような入居者が想定されるか、その場合の入居期間に影響する要因はどのようなものがあるか、などを具体的に検討したうえで入居期間の査定を行う必要があります。

空室期間についても、レジデンスの場合、原状回復工事は契約終了後に行われます。よって、空室期間は「原状回復工事期間にリーシング期間を加えた期間」ということになります。この原状回復工事期間は３週間から４週間を標準とするため、空室期間の見積りが過度に短いものとならないよう注意することが必要です。

④計算例

月額賃料の合計を 4,000,000 円、礼金月数を１か月、平均入居期間を５年、空室期間を４か月とした場合の礼金は、750,000 円 / 年と計算されます。

∵ 4,000,000 × 1 ÷ {(5 × 12 + 4) ÷ 12}

なお、この計算式では礼金発生頻度を査定する段階で空室期間を織り込んでいるため、別途、空室率を考慮する必要はありません。入居期間ベースで礼金を計算する場合には、別途、空室損を控除する必要があります。

Column　原状回復工事期間

原状回復工事期間はそのまま空室期間の一部を構成しますので、その短期化は空室期間の短縮に直接つながります。実務上、アセットマネジメント担当者もプロパティマネジメント担当者も、期日を意識しなければ原状回復工事はずるずると延びていってしまいます。仕様の決定に時間をとってしまったり、施工業者への発注に時間を要したりと、工事期間の長期化を招く要因は多くあります。

あるアセットマネジメント会社では「3週間以内に仕上げる」というプロセス管理を行っており、工事期間の縮小を図っています。原状回復に費やす期間を最小限とすることができれば、空室期間の短縮を通じて、稼働率ひいては分配金の向上につながるため、非常に有益な取り組みです。この取り組みを導入しようとした他の住宅リートが各プロパティマネジメント会社に類似の仕組みの導入を相談した際、猛反対があり、頑張って1か月がせいぜいとの結果になったそうです。3週間の原状回復工事期間をルール化することはハードルが相当高いといえそうです。AUMの大きさによる支配力やプロパティマネジメント会社の集約などの効率化があって初めて実現できることなのかもしれません。

力のあるアセットマネジメント会社ですら、3週間はかかるということです。そうすると、バリュエーション上で見積もるべき原状回復工事期間も、安易にこの水準あるいはそれ以下とするべきではありません。

■更新料

更新料は、特にレジデンスや店舗において、契約期間の更新を迎えるごとに徴収される一時金です。計算方法は様々ですが、一例を示すと次図のとおりです。

計算イメージ

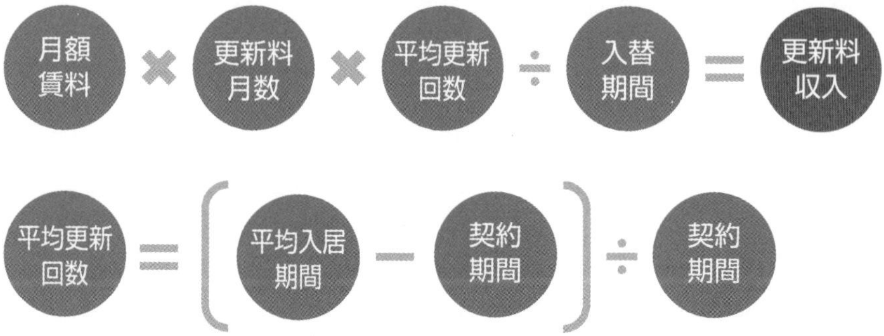

月額賃料 × 更新料月数 × 平均更新回数 ÷ 入替期間 ＝ 更新料収入

平均更新回数 ＝ ［平均入居期間 － 契約期間］÷ 契約期間

①更新料月数

更新料は他の一時金と比較して、地域ごとの取り扱い慣行が異なります。国土交通省の調査*によると、次ページの表のとおり、更新料の収受の慣行には、地域ごとのばらつきが大きいようです。

首都圏では更新料がおおむね慣行化しているといえます。そのほかの地域はそれほどではなく、関西など一部地域では更新料慣行がほとんどないようです（有効回答数が少ないため、誤差はかなりありそうです。また、調査時点以降に投資法人などによる地方物件取得が進んでいるため、更新料慣行が首都圏以外にも浸透していると考えられます）。首都圏ではおおむね月額賃料１か月分が通常ですが、事務手数料相当分として１～２万円程度という場合もあります。この水準も、地域ごとに個別に査定する必要があります。

＊**国土交通省による調査**：2007 年６月付「民間賃貸住宅に係る実態調査（不動産業者）」

▼更新料の調査結果

	徴収割合（%）	徴収する場合の月数
北海道	28.5	0.1
宮城	0.2	0.5
東京	65.0	1.0
神奈川	90.1	0.8
埼玉	61.6	0.5
千葉	82.9	1.0
長野	34.3	0.5
富山	17.8	0.5
愛知	40.6	0.5
京都	55.1	1.4
大阪	0	—
兵庫	0	—
広島	19.1	0.2
愛媛	13.2	0.5
福岡	23.3	0.5
沖縄	40.4	0.5

②平均更新回数

平均更新回数は、「入替期間内において、テナントが何度更新を迎えるか」を指すものです。例えば、契約期間 2 年、平均入居期間 5 年の場合は 1.5 となります（∵ (5 − 2) ÷ 2)。契約期間 2 年、平均入居期間 6 年の場合は 2 となります（∵ (6 − 2) ÷ 2)。しかし、現実的には更新費負担はテナントの転居の動機となります。テナントは更新料支払い前に退去するか、支払う場合には次の更新期を迎えるまで相当期間入居することが想定されます。よって、実際に収受できる更新費は計算上のものより少なくなるとの見方もできます（平均入居期間の査定で調整すべきものかもしれませんが)。こうした要素が更新料計算を難しくさせ、実績とバリュエーションとの差異を大きくします。

③計算例

月額賃料の合計 4,000,000 円、更新料月数 1 か月、平均入居期間 4 年、契約期間 2 年、空室期間 2.4 か月*とした場合の更新料は、952,381 円 / 年と計算されます。

∵ 4,000,000 × 1 × {(4 − 2) ÷ 2} ÷ {(4 × 12 + 2.4) ÷ 12}

なお、この計算式では更新料発生頻度を査定する段階で空室期間を織り込んでいますので、別途、空室率を考慮する必要は生じません。入居期間ベースで更新料を計算する場合には、別途空室損を控除する必要があります。

④鑑定評価の例

更新料の計算は、大手鑑定機関でも考え方がまちまちです。例を示すと次のとおりです 。

〈A 社〉

月額賃料 × 更新料月数 × (1 − 入替率) ÷ 契約期間 × (1 − 空室率)

※入替率 =1 ÷ 平均入居期間（以下同じ）

〈B 社〉

月額賃料 × 更新料月数 × (1 ÷ 契約期間 − 入替率) × (1 − 空室率)

〈C 社〉

月額賃料 × 更新料月数 × **更新係数*** × (1 − 入替率 − 空室率)

＊…**2.4 か月**：平均入居期間を 4 年、空室率を 5% とするときの空室期間として査定。
＊**更新係数**　：平均入居期間・空室率・契約期間を変数とする計算式により算出される独自の係数。

これを次の前提に当てはめると、空室損考慮後の更新料は以下のとおり求められます。

月額賃料　　：4,000,000円
更新料　　　：1か月
平均入居期間：4年
契約期間　　：2年
空室率　　　：5%

A社　　　　：1,425,000円/年
　∵ 4,000,000 × 1 × (1 − (1 ÷ 4)) ÷ 2 × (1 − 5%)
B社　　　　：950,000円/年
　∵ 4,000,000 × 1 × ((1 ÷ 2) − (1 ÷ 4)) × (1 − 5%)
C社　　　　：1,000,000円/年
　∵ 4,000,000 × 1 × 0.357143 × (1 − (1 ÷ 4) − 5%)

同等の査定を行っているはずなのに、大きな差異が生じてしまっています（A社の計算はB・C社の1.4倍になっています)。更新料は、採用する計算方法次第で計算結果が大きく異なる項目です。

Column　鑑定評価の計算式

不動産鑑定士は、国土交通省の定める**不動産鑑定評価基準**に従って鑑定評価を行います。ただし不動産鑑定評価基準では、鑑定評価を行うにあたって準拠すべき考え方は示されているものの、適用すべき計算式は定められていません。よって各不動産鑑定業者は、それぞれ妥当と考える計算式を組み立てて鑑定評価業務を行っています。その結果として、同等の想定を置いている場合であっても、結果として算出される各試算値は異なったものとなることがあります。実績や契約条件を採用する項目に差異が発生することは少ないです。しかし、そもそもの査定値が異なるもの（賃料や空室率、CAPレート、原状回復費用等）は各社で差異が発生しやすくなります。さらに、更新料のように「そもそも様々な計算方法が考えられる」収支項目については、その根拠となる査定値につき同等の想定を行っていたとしても、結果として差異が発生することがあります。

Column　更新料計算における用語の混乱

更新料の計算には様々な用語が用いられます。例えば、「平均入居期間」があり、「入替率」があり、「更新期間」があり、「更新率」があります。そして多くの場合、バリュエーションシートや鑑定評価書などこれを利用する書面内で、用語の定義や計算方法は明示されていません。よって、この利用者は主観的な解釈によりそれぞれの用語を用います。

平均入居期間はおそらく実際の賃料発生期間を指すのでしょう。とすると、平均入居期間に基づき計算する入替率には空室期間が含まれていないので、バリュエーション上は別途、空室期間や空室率を見る必要があります。更新期間は賃貸借契約が更新された場合の契約期間を指すのでしょうか。更新率は、更新期を迎えたテナントのうち（退去でなく）更新を選択するテナントの率を指すのかもしれませんが、別の解釈もできそうです（それによって計算式は当然に変わります）。また、空室期間を考慮しているかしていないかの判別もできません。

こうした定義の不在や誤解による用語の混乱が、ときにバリュエーション上の計算を誤らせることがあります。あるアセットマネジメント会社で採用しているバリュエーションシートでは、収入ではダウンタイムを含む平均入居期間を採用し、リーシングフィーや原状回復費用の計算上はダウンタイムを含まないものを採用する計算となっていました。すなわち、平均入居期間を４年、空室期間を３か月とすると、礼金は51か月（48か月＋空室期間３か月）ごとに発生し、一方で原状回復費やリーシングフィーは48か月ごとに発生する――というちぐはぐな計算です。その場合、結果として入替サイクルが収入と支出とでバランスせず、費用の過大計上が生じるものとなります。

こういった誤りは、用語を正確に定義せず、それぞれの直感的な解釈のもとに利用してしまうことに起因します。バリュエーションシート（またはその使い方）の誤りで評価額が劣後することとなり、気づかないまま競争力を失っている、そんなこともありそうです。10年近く間違ったバリュエーションを行い続けていたという笑えない話もあります。

Column　入替率の実態

「共同住宅ポートフォリオの運用実績を用いて、バリュエーション時の入居期間想定が適切だったかどうか検証せよ」との依頼を受けたことがあります。具体的には、数十物件の共同住宅について、過去（5年間以上）に発生したテナント入替の回数および空室期間を抽出し、物件ごとの平均入居期間と平均空室期間を求め、この結果とバリュエーション時の査定とを照らし合わせることによって、バリュエーションが妥当であったか否かを検証する――というものです（バリュエーション担当者からすると勘弁してくれという内容です）。

当該バリュエーションでは、平均入居期間を2.3～5.7年（平均3.5年）としたうえで、空室期間は1.5～4.8か月(平均2.7か月、中央値2.5か月)、結果求められる入替率は28.6%と査定していました。

実績値と照らすとどうであったか、結果は予想以上の乖離がありました。平均入居期間は3.6～10.2年(平均6.1年、中央値5.1年)、空室期間は1.5～14.9か月（平均4.4か月、中央値4.0か月)、入替率は18.2%でした（単純計算で求めたため、平均入居期間は長く、入替率は低く求められていると考えられます)。

調査対象物件の数の少なさや、調査対象期間の短さ、地域の偏りなど、統計としての信頼性は高くないものの、物件ごとのばらつきは想像以上に大きい結果となりました。この実績を正とすれば、バリュエーションは誤っていたということとなります。しかしこれは「予見可能性があったか？」というと現実的にはなかったように思います。長期間のPMレポートを入手できたか？　できたとしても、その各月の入退去から入替期間を調査するリソースが使えたか？　という点で、調査の限界があるように思われます。また、これらの調査が行えたとしても、当該実績と取得後の実績とが近似となるかどうかはそもそも別問題です。そのときどきの経済情勢やリーシング方針、テナント構成やテナントの個別事情などで、実際の運用は大きく影響を受けるためです。

実績とあまりにかけ離れた査定を置くことは問題ですが、将来予測にも限界があります。よって、将来の売却時に買主が設定する査定値と乖離しないことが、バリュエーション上の現実的な及第点ではないかと思います。もっとも、高い評価額算出を目的として、明らかに実現性や根拠に乏しい査定（2か月を下回る空室期間を採用するとか、入居期間を6年以上の長期で設定するとか）は、運用時のみならず出口でもギャップが顕在化するので、行うべきではありません。

■付帯収入

付帯収入としては、看板利用料やアンテナ設置料など「その他」としてくくられる収入を計上します。これらは合理的な長期予測が困難であるため、基本的には過年度の実績や現契約に基づいて計上することが多いようです。

オフィス等の事業用不動産において、塵芥（じんかい）処理費等をテナントから徴収している場合には、こうした収入が計上されることもあります。ただし、その際は当該支出が同じく支出項目で計上されていることが必要となるので注意が必要です*。

付帯収入を過去実績ベースで計上する場合、恒常的な収入でないもの（例えば**即時解約違約金***や受取保険金など）が含まれていないかどうかの確認が必要となります。

Column　実績値把握上の留意点

収支実績との比較は、収支査定の妥当性を検証するために有益な方法の一つです。このとき、実績値の把握には以下２点で注意が必要です。

１つ目は、参考とするに適さない収支（既述の即時解約違約金や受取保険金が代表例）を除外することです。これら中長期継続的に発生しない収支を取り込んでしまうと、バリュエーション結果は過大にも過少にもなってしまいます。

２つ目は、実績を年換算する際に内訳となる収支の発生タイミングを区別することです。数か月分の実績を参考値としたい場合、実績÷月数×12か月により年換算値を求めます。

このとき、単純計算では不適当となる場合があります。例えば年払いの収入が計上されているときにこれを単純計算してしまうと過大計上となります。一方でこれが計上されてない実績を用いてしまうと、当該収入が認識されず、過少に把握されてしまいます。その他、例えば水道費も２か月に１度の支払いですので、集計する月数によっては過大にも過少にも把握され得ます。

収支査定において、実績を採用する項目はいくつかあります。これらの把握にあたっては、ノイズを除去し、実績を歪める要素は適切に排除することが肝要です。

＊…**必要です**：従量料金が通常であり、定額の建物管理費用には含まれないため、PBM契約上の月額管理費のみを計上すると、当該コストの計上漏れが生じる。
＊**即時解約違約金**：テナントが解約予告期間を経ずして退去する場合に支払われる、残存予告期間の賃料相当分。

3-5 空室損

賃料収入・共益費収入・駐車場収入は原則として満室（稼働率 100%）の収入を計上します。実際の不動産運用上は当然に、テナントの入退去によって収入が発生しない期間（**空室期間**）が生じるので、当該期間分の収入を**空室損**（空室等損失）として控除することが必要です。なお、礼金や更新料等は空室損考慮後の金額を直接査定するケースと、想定せず別途空室損として計上するケースとがあります。

▼空室等損失の定義

項目		定義
空室等損失	Δ	各収入について空室や入替期間等の発生予測に基づく減少分

■市場空室率からのアプローチ

オフィスについては、空室率に関する情報としては、大手賃貸仲介会社が公表しているマーケット情報等があります。次図は、**東京ビジネス地区***を対象とする過年度の**市場空室率***に関するデータです。

＊**東京ビジネス地区**：千代田区・中央区・港区・新宿区・渋谷区のこと。
＊**市場空室率**：基準階面積 100 坪以上の主要賃貸事務所ビルを対象として、総賃貸面積に対する募集床面積の割合として算出。

東京ビジネス地区の平均空室率

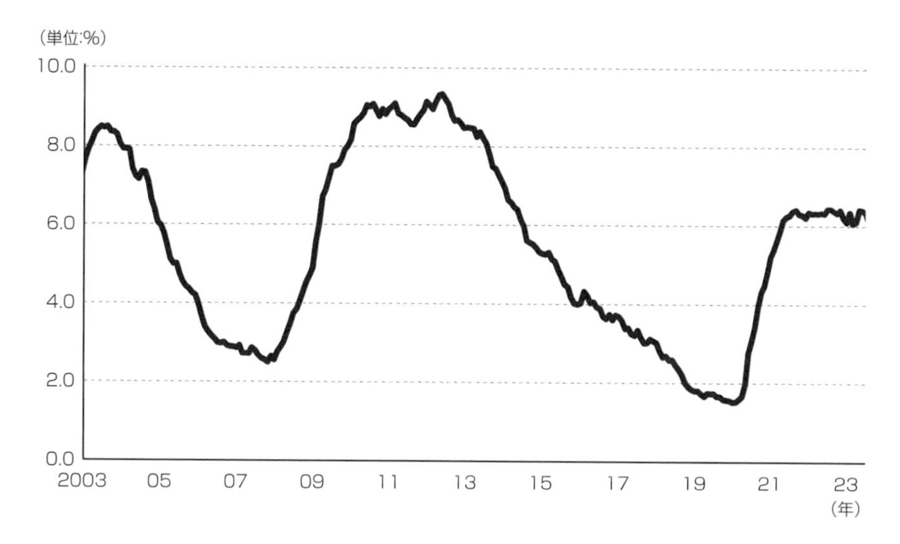

出典：株式会社三鬼商事「オフィスマーケット」

市場空室率のデータはおおむね、特定のエリアの募集面積を総賃貸面積で割ることによって、各時点の空室率を表示したものです。当然にテナント需要の縮小や大規模供給があった場合には、募集面積が大きくなり、結果的に空室率は上昇することとなります。ここで、市場空室率は、賃貸市場のトレンドを占ううえで参考となりますが、各時点の市場空室率をそのままバリュエーションに用いることは適しません。履歴を見ても、空室率は特定の情勢に応じて、大きく変動します。例えば、2008 年の金融収縮や 2011 年の東日本大震災により、空室率は 10%付近まで大きく上昇しました。一方で、金融緩和や IT バブル等好況時により、2010 年代後半は 2%を下回る水準まで低下しました。このように、市場空室率は様々な市場環境の影響を受けて常に変動します。現時点の市場空室率が高い（または低い）からといって、これが中長期にわたって維持されるわけではありません。よって、各時点時点の市場空室率のみをつかまえて、バリュエーションにそのまま用いることは適しません。

■ 物理的空室率と経済的空室率

空室率には、**物理的空室率**と**経済的空室率**があります。「賃料発生の有無にかかわらず、賃貸中の床を稼働床と見なす」計算結果が物理的空室率です。前記の例では、「総賃貸面積に対する募集床面積の割合」として空室率が計算されています。このうち募集床面積には、契約済みの床面積は含まれませんが、契約済みであるからといって、必ずしも賃料が発生しているとは限りません（契約締結済みで契約期間開始前の状態かもしれませんし、契約期間開始後、フリーレント期間中の状態かもしれません）。また、募集床面積には解約通知後退去前（賃料は発生しています）の面積が含まれることや、未竣工物件の募集面積が含まれることがあります。

一方で、「実際に賃料が発生している床のみを稼働床と見なす」計算結果が経済的空室率です。バリュエーションは実際の収入を査定するものですので、採用すべき考え方は経済的空室率です。

様々な情報に含まれる空室率のデータが、物理的空室率を指すのか経済的空室率を指すのか、きちんと見分けることは非常に重要です。賃貸市況悪化時には、フリーレント付与により空室を解消しようとする動きが強まります。長期のフリーレントが付与され、賃貸契約が成立します。そして、賃貸借契約が締結された時点で募集は停止されます。そうすると、実際には賃料は発生していないものの、名目上賃貸中である床が増加することになります。結果として物理的空室率は下がるものの、経済的空室率は高いという状態が発生します。

■テナントの入退去サイクルからのアプローチ

空室期間を個別のテナントとの賃貸借契約という観点で見た場合、**テナント入退去サイクル**から、経済的空室率をとらえることができます。すなわち、賃貸運営は「募集➡賃貸借契約締結➡(フリーレント)➡賃料発生➡解約➡募集」というサイクルを繰り返します。

テナントの入退去サイクルのイメージ

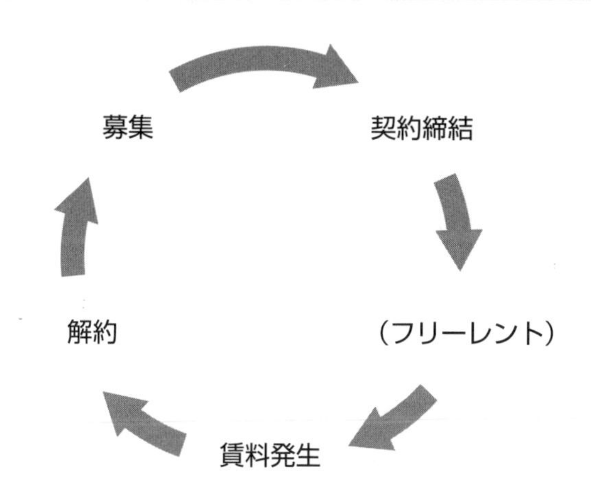

とすると、総期間を「募集から次の募集まで」のワンサイクルとし、賃料発生から解約までの期間を経済的な稼働期間ととらえることができます。例えば、一般的な募集期間が３か月、フリーレント期間が３か月、テナント入居期間（賃料発生期間）が120か月（10年）とすると、空室率は約4.8%と計算されます*。

$\because\ (3+3) \div (120+3+3)$

募集期間やフリーレント期間、平均入居期間は、項目ごとにトラックレコードをとることもできますし、イメージもつきやすいためヒアリング等にも適しています。

＊…**計算されます**：単純化のため、フリーレント期間中、共益費収入は発生しないものとして計算。

①平均入居期間

平均入居期間はアセットタイプごと、レジデンスにおいては居室タイプごとに把握されます。

一般に、オフィスや店舗の平均入居期間は 10 年とされており、実務上もこれを前提としたバリュエーションが行われていることが多く見受けられます。これに関する統計の公開情報は極めて乏しいものの、例えばザイマックス不動産総合研究所によるリサーチレポートでは、オフィスについて 9.6 年*、**店舗***について 12.7 年*とされており、事例資料によってもおおむねサポートされた期間と考えられます。

レジデンスの平均入居期間は、居室のタイプ（これを通じて予測される入居者）の属性により異なると考えられます。属性によってライフスタイルが異なるためです。例えば、単身者向け住戸では学生や独身の社会人等がテナントとして考えられますが、これらの入居者では、卒業や就職、結婚等のライフイベントの発生が転居のきっかけとなり、その入居期間は比較的短いものとなります。一方、ファミリー向けの物件については、居住者それぞれの事情に影響され、転居は単身者のそれに比べてより困難になります。よって、その入居期間は比較的長いものになると考えられています。一般的には、単身者向け 4 年、ファミリー向け 5 ～ 6 年程度が標準的入居期間と考えられています（直感的にはもう少し短いように思われますが、通説では）。公益財団法人日本賃貸住宅管理協会の調査によると、単身者向け 42.5 か月（3 年 7 か月）、ファミリー向けで 64.6 か月（5 年 5 か月）とされており*、大きく外れたものではなさそうです。

＊…**9.6 年**：ザイマックス不動産総合研究所 RESEARCH REPORT「東京 23 区オフィステナントの入居期間分析（2018）」

＊**店舗**：オフィスビルに入居する商業テナント。

＊…**12.7 年**：ザイマックス不動産総合研究所 RESEARCH REPORT「ショッピングセンターのテナントはどれくらい入居し続けるか？」

＊…**とされており**：公益財団法人日本賃貸住宅管理協会日管協総合研究所「日管協短観」（2023 年 10 月）

②ダウンタイム

ダウンタイムは様々な意味で使われますが、本書では「賃貸借契約の有無にかかわらず賃料が発生していないすべての期間（募集期間・フリーレント期間等を含む）」という意味で用います。経済的空室率を論じるうえで、いくら賃貸借契約が締結されていても、賃料が発生していなければそれは空室と同じであるためです。

この点、ダウンタイムの長短が空室率に最も影響する要素です。すなわち、賃貸需要が減少した場合は空室が長期化します。空室が長期化すると、当然ながら賃料が発生しない期間も長期化し、結果として経済的空室率が高い状態が生じます。

▼空室率の構成（平均入居期間とダウンタイム）

ダウンタイム（月） 平均入居期間（年）	2	4	6	8	10	12
12	1.4%	2.7%	4.0%	5.3%	6.5%	7.7%
10	1.6%	3.2%	4.8%	6.3%	7.7%	9.1%
8	2.0%	4.0%	5.9%	7.7%	9.4%	11.1%
6	2.7%	5.3%	7.7%	10.0%	12.2%	14.3%
4	4.0%	7.7%	11.1%	14.3%	17.2%	20.0%

例えば、オフィスの平均入居期間を10年とし、5.0%の空室を想定しているとすれば､6か月のダウンタイムを想定していることになります。ここで市況が悪化し、ダウンタイムが12か月まで延びたとすれば、空室率は9.1%の水準に拡大します。

また、レジデンスで、単身者向けの平均入居期間を４年、ファミリー向けを６年とし、5%の空室率を想定しているとすれば、単身者向けは2.5か月、ファミリー向けは４か月のダウンタイムを想定していることにほかなりません。レジデンスでは、オフィスと比べて平均入居期間が短い分、ダウンタイムの増加は空室率に大きな影響を与えます。４年の平均入居期間を前提とすれば、ダウンタイムが２か月から４か月へと２か月延びただけで、空室率は4.0%から7.7%へと大幅に拡大します。その点では、レジデンスのダウンタイムはより丁寧に見る必要があります。

③レジデンスのダウンタイム

レジデンスの場合はオフィス等と異なり、原状回復工事は賃貸借契約終了後に行われます。すなわち、原状回復工事期間がダウンタイムの一部を構成することになります。当然ながらその期間も賃貸募集は行われますが、再商品化は完了していません。よって、完成後の状態を見せられないため、当然に訴求力は劣る状態となります。そして、原状回復工事を完了したとしても、次の賃料発生までには、テナントの内覧・申込・入居審査・契約手続き等のプロセスが必要となります。一般的には、入居者は引っ越し先を決めてから現在の住居について解約予告を出すので、賃料発生は申込後1か月先となります。原状回復工事と申込後の期間だけで2か月程度はかかりますので、ダウンタイムが2か月という物件は、よほど競争力のあるものに限られます。空室率査定が正しかったかどうかの答え合わせはあまり行われないため露見しにくいのですが、空室率の査定が行きすぎていないかどうかについては注意が必要です。4%の空室率を平均入居期間4年の物件で想定することは、空室期間2か月の査定をしていることにほかなりません。原状回復工事までを最短で21日、1か月前申込を前提とすると、原状回復工事後入居申込までに許される期間は9日（60 − 21 − 30日）しかなく、よほどうまくはまったときでないと成立しません。

■現状空室の取り扱い

物件のステータスは様々です。基本的に売主は「売却に適した状態を作ったうえで売却活動を行う」ので、稼働状況に関しては、満室に近い状態になっていることが通常です。しかし、新築物件や、たまたま大口テナントの退去が発生した状態の物件を検討することもあります。その場合には、期待する稼働率を大きく下回る状態で取得することになります。当然ながら、恒常稼働に至っている物件と低稼働の状態にある物件とは無差別ではないので、バリュエーションは異なるべきです。

低稼働の物件のバリュエーションでは、採用する空室率は中長期安定的と査定したものを用いる一方で、リースアップコストを控除する調整を行います。DCF法を適用する場合には、現状の稼働状態を起点として、それが一定期間かけて恒常的な稼働状態に至るという評価を行います。当然、その間は空室部分の賃料収入が空室損という形で除外され、また、該当区画のリーシングフィーが費用計上されます。DC法で評価する場合も同じく、かかる要因がない状態の価格から、この空室損およびリーシングフィー等を控除して、価格に反映させます。例示すると次のとおりです。

査定空室率　　　　：5%
現状空室率　　　　：50%
想定する空室期間：3 か月
想定するフリーレント（共益費も発生しないものとする）：3 か月
リーシングフィー　：2 か月
月額賃料　　　　　：20,000 円 / 坪
賃貸床面積　　　　：3,000 坪

この場合は、恒常稼働を前提として評価した金額から 216,000,000 円を控除することとなります。

∵ 20,000 × 3,000 × (5% − 50%) × (3 + 3 + 2)

■ 貸倒損

テナントの賃料支払い債務等不履行に備えるため、通常、敷金の預け入れや保証契約が行われます。敷金額が想定される被担保債権額（解約および明け渡し手続きが完了するまでの賃料相当額、明け渡し費用相当額、原状回復費相当額）を賄える場合には、貸倒れに備える特別の手当は必要ありません。しかし、敷金が不十分である（加えてこれを補完するテナントクレジットがない）場合には、貸倒損失を見込む必要があります。理論的には、発生するであろう被担保債権額に一定の貸倒率を乗じて求めた金額を収入の控除項目として計上する方法が考えられます。しかしながら、中長期安定的なキャッシュフローを査定すべき観点から、特定のテナントに係る貸倒損を計上することは不適当です。よって、貸倒れに備える必要があるとしても、期中収支項目として取り扱うのではなく、リースアップコストと同じく査定額からの控除項目として取り扱うことがより適切と考えられます。

Column　処分事例とバリュエーション②（クロージングコスト）

「増改築工事中の賃料未収入期間を考慮することなく、投資法人に資産を取得させるなどしていた」（2008年12月5日付処分事例）

工事に起因するダウンタイムをバリュエーションまたは運用計画（もしくはその両方）に織り込んでいなかった、という指摘だと推測されます。バリュエーションで織り込む場合、DC法ではクロージングコストとして控除し、DCF法では初年度において工事期間相当の未収を計上する方法がとられます。当然、これらを織り込まなかった場合はダウンタイムの収入減が生じるので、相当額に比して過大な金額で取得したこととなります。しかしこの点、バリュエーションで織り込まずとも、運用計画で織り込んでおけばいい（その運用計画において分配金が作れればいい）という発想もあります。特に、投資主への分配金を重視する考え方においては、この発想がとられがちです。

この処分における「未収入期間を考慮すべき」という指摘は解釈が難しいものです。先ず、「未収入期間を考慮すべき状況」がどの範囲を指すのかが明示されていません。工事等特殊な状況のみを指すのか、工事期間はあくまで一例に過ぎず、遍くリースアップコスト（リーシングフィーに限られず、リースアップに至るまでの空室損を含んだ意味で用います）が発生する場合（想定稼働率が現状稼働率を下回る状態を含む）を指すのか、それとも量的重要性が高かったため処分された特殊な例なのか、などが不明です。

さらに「考慮することなく」という表現も舌足らずです。バリュエーションに反映（クロージングコストとして相当額を控除）していなかったのか、運用計画に反映していなかったのか、いずれにも反映していなかったのかなど、どの欠落を指して処分対象としたのかがわかりません。結果としてどうとでも解釈できてしまうところに怖さが残ります。

保守的な観点からは、バリュエーション上も運用計画上もリースアップコスト相当額を控除（反映）しておくことが無難と解釈することになりそうです。踏み込めば、賃料ギャップはどう扱うべきなんだという別の論点も生じる問題です。

3-6　維持管理費

不動産管理は、**賃貸管理**と**建物管理**に分類されます。賃貸管理は主に入居テナント対応、新規募集などソフト面の管理であり、建物管理は設備管理や清掃、修繕などハード面の管理だと解釈されています。建物管理は、清掃や警備、設備管理などから構成されます。法定点検や植栽管理など定期的に発生する業務もこれに含めることが相当です。

■維持管理費に係る契約の類型

維持管理費は、建物管理業務の対価とされ、その契約は建物管理契約において定められます。

▼維持管理費の定義

項目		定義
維持管理費 BM fee	Δ	建物・設備管理、保安警備、清掃等、対象不動産の維持管理のために経常的に要する費用

この契約は、「プロパティマネジメント契約において委託業務の一部として規定する方法」（**PBM契約**）と、「プロパティマネジメント契約とは別途、建物管理契約として契約する方法」（**BM契約**）、「業務ごとに個別発注する方法」があります。昨今では、PBM契約として一本の契約にまとめるのが主流です。

・PBM契約のパターン

・PM 契約・BM 契約のパターン

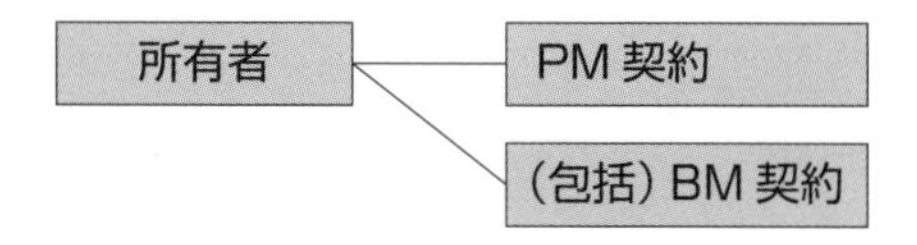

・個別発注のパターン

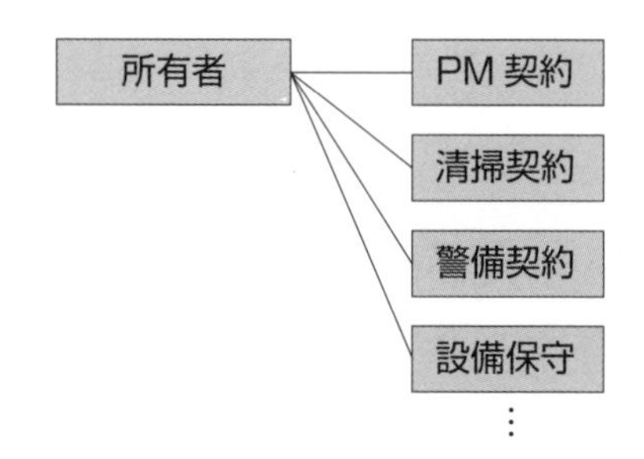

■固定支出とスポット支出

建物管理業務の仕様は、プロパティマネジメント契約書において、建物管理業務を定める別紙として規定されることが通常です。仕様書では、管理業務細目の内容（例えば、共用部清掃について見ればその範囲や頻度、警備業務については有人か遠隔監視かの別、設備保守についてはその対象となる設備と保守方法など）と内訳金額が記載されます。

バリュエーション上注意すべきなのは、特定の項目をスポット扱いとして、建物管理費から除外されることがある点です。例えば、法定点検は法定の周期で発生する業務ですので、本来は当該点検費用も平準化のうえで建物管理費に含むべきものです。しかし、これらを管理業務の対象には含めるものの、その費用は都度扱いとして、契約上表示しない場合があります。植栽管理費のように継続反復するものも、同様に除外されることがあります。

これらの費用がスポット項目として除外された場合、建物管理費用は相当額だけ小さくなります。そして、バリュエーション上、「仕様書やPMレポートにおける建物管理業務の年間実績欄の総額のみを確認する」方法によって維持管理費を査定してしまうと、スポット費用を見落とし、費用を過少計上してしまうことになります。これを回避するため、こうしたスポット扱いで除外されている項目の有無を確認し、ある場合にはあわせて計上することが必要です（PMレポート支出明細等を各月確認し、拾い上げるという地道な作業が必要です）。

■塵芥処理費

オフィスビルの運用において、テナントから排出されるごみ類は産業廃棄物に該当し、専門の処理業者に委託して適切に処理することが必要です。この費用は従量料金になっていることが多く、建物管理契約とは別途契約されていることも多くあります。よってPM契約において、当該費用は含まれていない（実費とされている）ことが多い点には注意が必要です。**塵芥処理費**は、テナントから同じく従量料金で徴収しているケース、賃料・共益費の対価に含まれるものとしてテナントからは徴収していないケース（オーナー負担）など、運用がビルによってまちまちです。またPMレポートにおける記載も、建物管理費、修繕費、その他支出など、計上区分がまちまちです。意識的に見ないと、修繕費やその他支出に紛れてしまい、結果として計上漏れが生じてしまうことがあります。

■維持管理費用の査定方法

建物管理契約の仕様を点検し、スポットなどによる漏れがないことを確認したうえで、当該契約金額を計上します。PMレポートにおける建物管理費用の年間実績と突合することや、月次支払明細を確認することも有益です。

情報開示が不十分で査定値によらざるを得ない場合には、単価計算で査定する方法もあります。

計算イメージ

単価計算を行う場合または単価検証を行う場合の参考値は、次表のとおりです*。

▼標準的な専有坪単価（月）

（単位：円/月・NRA坪）

	第一分位数	中央値	第三分位数
オフィス	900	1,100	1,300
レジデンス	350	550	700

＊…**のとおりです**：上場不動産投資法人の開示情報から利害関係者取引と認められない収支を抽出し（オフィス：Bクラスビルを主体とする122件、レジデンス：447件）算出。なお、維持管理費についてはPMフィーと一体計上されているため、PM報酬相当額を除外して計算。

Column 「○○に騙されるな」

PMレポートの記載方法や契約書の作り込み次第で、収益の誤認を誘発することができます。例えば、建物管理費のうちスポットとして取り扱えるものはすべて建物管理業務から除外して、建物管理費支出を軽く見せる（結果として当該支出を過少計上させ、評価額を吊り上げる）ことができます。PMレポート（各月の支払明細等）や管理仕様書をよく読み込んだだ場合には、スポット化された費用の認識や費用計上はもちろん可能です。しかし、内訳を確認することなく総額のみを拾っていった場合（そういったやり方もときどき見られます）には、その計上漏れが生じ得ます。そういった計上漏れが生じた場合、費用が過少に（NOIが過大に）計上されるので、結果として評価額を上昇させる効果が得られます。

ボロワーまたは売主の立場では、相手方たるレンダーまたは買主の査定を大きくすることはその利益にかないます。こうした効果（結果的には相手方のミス）を期待して、契約書やレポートを作り込んでくるプレイヤーも存在します。PBM契約の書き方やレポートの作り込みだけでその効果が得られるのであれば、その努力は安いものです。もし筆者が、近いうちに転売する物件を仕入れたとすると、PBM契約書からスポット項目は除外しますし、スポットで生じたとしても、これはPMレポート上修繕費に放り込みます。建物管理契約に特定のスポット項目が含まれていようがいまいが、それがそもそもPMレポートから除外されているなどの明らかなチートでない限り、売主は責任を負担しません。また、PMレポート上で利用する費目が何であろうが（それを意図的に実績から除外してしまわない限り）、責任はありません。ただ、買主が「よいバリュエーション」をしてくれる可能性が高まるだけです。

レンダーでバリュエーションを担当していた際、「ボロワーに騙されるな」とよく言われたものです。えげつないようにも思えますが、売主またはボロワーとしては当然のやり口であり、相手方としては当然に払うべき注意です。ボロワーまたは売主として「レンダー・買主または鑑定会社のバリュエーションを上げるために最善を尽くす」ことも、レンダーまたは買主として「誤認が生じないよう努める」ことも、プロとしては当然のことです。

3-7 水道光熱費

水道光熱費としては、共用部分の維持管理に要する電気・ガス・水道、テナントと供給会社との直接契約の対象とならない電気料等を計上します。

▼水道光熱費の定義

項目		定義
水道光熱費	Δ	対象不動産の運営において、電気・水道・ガス・地域冷暖房熱源等に要する費用

■水道光熱費の計上方法

水道光熱費は、原則として過年度の実績に基づき計上します。コスト上昇が見込まれる場合には、当然に上昇を織り込むことが必要です。水道光熱費収入がある場合、収入でも上昇は織り込みます。ただし、収入についてはテナントの承諾が必要となるので、現状の単価設定次第では、支出と同等の収入増を見込むべきではない場合もあります。オフィスにあっては、テナント専有部の水道光熱費も含むので、その支出額はテナント稼働状況にある程度連動することとなります。よって、中長期安定的収益を計上すべき趣旨から、恒常稼働時の金額を採用することが適切です。

■水道光熱費の査定方法

情報開示が不十分で査定値によらざるを得ない場合には、単価計算で査定する方法もあります。

計算イメージ

単価計算または単価検証を行う場合の参考値は、次表のとおりです。

▼標準的な専有坪単価（月）

（単位：円／月・NRA 坪）

	第一分位数	中央値	第三分位数
オフィス	—	—	—
レジデンス	110	150	170

オフィスについて査定する場合には、水道光熱費収入との差額分を計上することとなります。投資法人開示事例では、この差額が把握できなかったために表示していませんが、経験則的にはおおむね 200 ～ 400 円 / 月･NRA 坪が標準的と考えられます。

Column　水道光熱費と空調方式

オフィスなどの業務施設にあって、水道光熱費に大きな影響を与える要素の一つが空調方式です。空調方式はセントラル空調、個別空調、両者の併用に分けられます。さらに熱源機器を地域で集約化させた地域冷暖房により省エネルギー化が図られた物件もあります（省エネルギー化されているからといって経済的に優れているわけではありません)。

こうした要素から、水道光熱費の大小は物件によって大小の幅が大きいことが実情です。空調方式の変更等を計画しない限り、水道光熱費の負担は改善できるものではありません（できることはせいぜい照明の LED 化により消費電力を抑えることくらいです)。よって、水道光熱費に関する査定は、現状がいくら負けていたとしても、実績外の数値をとることは適しません。

なお、空調方式はエネルギーコストのみならず、メンテナンスコストや修繕更新費、収支構造（セントラル空調は時間外空調費という収入を発生させます）、リーシング上の競争力にも幅広く影響する重要な（でもちょっとわかりづらい）要素の一つです。

Column　収支実績のノイズ（売買精算）

PMレポートは収支実績を把握するうえで有益な資料ですが、特に売買があった年度の情報は、その取り扱いに注意が必要です。実務上、不動産収支は主に売買実行日を基準とする日割精算の対象とされます。

例えば、賃料は、売主が受領した売買実行日以降の期間相当分については、精算金として買主に交付されます。この精算は通常、売買代金とネッティングする形で行われ、PMレポート作成上モニタリングされる口座を経由しません。

また、売買実行日以降初回の賃料入金等も、テナントへの通知期限の問題があります。賃料支払口座の変更が賃料支払期限に近い場合には、事務処理が間に合いません。その場合には、これをいったん売主の口座で受けて、後日精算する方法がとられます。この精算（2次精算）も、PMレポートに振り直して計上するかどうかは買主の運用方法次第ですので、PMレポートに適切な金額が計上されないこともあります。

さらに、電気料金や上下水道費用等は事後請求されるので、売買上も2次以降の精算対象となる項目です。そして、この精算金額も同様に期中管理とは別扱いで行われるので、原則としてPMレポートには記載されません。

このような形で、売買実行日前後の数か月の収支は売買精算の影響を受ける可能性があり、単純に年換算するのに適しません。よって、PMレポートの取り扱い時には、こうした事情（ノイズ）が含まれ得ることを認識し、その影響を除外することが必要です。同様に、投資法人開示情報における運用実績を利用する場合にも、取得期の情報は利用に適しません。特に公租公課については、年間分が精算対象となり、その影響は1期分の収支情報にとどまらず2期に及びます。

3-8 修繕費

修繕費はその名のとおり、建物修繕に要する支出を計上します。同様の修繕等に関する項目として資本的支出がありますが、一般的に両者は、「会計上、費用計上されるもの」を修繕費、「簿価計上され、減価償却の対象となるもの」を資本的支出として区別されます。

▼修繕費の定義

項目		定義
修繕費	Δ	対象不動産に係る建物・設備等の修理・改良のために支払う金額のうち、当該建物・設備等につきその原状を回復するために経常的に要する費用

■修繕費の計上方法

修繕費は、その発生タイミングがまちまちであり、年単位での変動の大きい項目です。よって、昨年、一昨年にほとんど工事実績がなかったとしても、将来にわたり発生しないわけではなく、反対に実績上支出が多かったとしても、これが継続するとは限りません。個別事情の影響を受けてしまうため、過去実績に従って同等の金額を計上する方法は適切ではありません。対象不動産の持つ設備やその修繕・更新状況に応じた中長期予測に基づく査定を行うべきものです。

■修繕費の査定方法

前記観点から最も参考として適するのは、エンジニアリング・レポートにおける修繕更新費です。しかし、この取得前にバリュエーションを行う必要もあるため、査定が行われることもあります。

修繕費の査定方法の代表的なものを例示すれば次のとおりです。

・専有坪単価を用いて査定する方法
・建物再調達価格に一定の料率を乗じて査定する方法
・エンジニアリング・レポートにおける修繕更新費の修繕費部分（年平均額）を計上する方法
・エンジニアリング・レポートにおける修繕更新費の30%相当額（年平均額）を計上する方法

計算イメージ

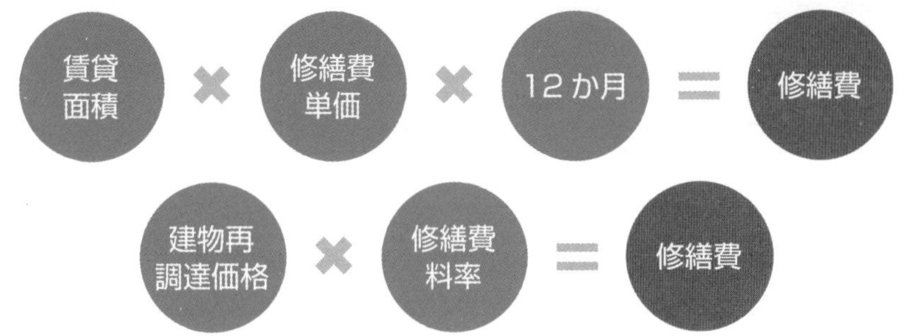

当初バリュエーション時にはエンジニアリング・レポートがなく、査定によらざるを得ないことも多くありますが、最終的にはエンジニアリング・レポート記載の修繕更新費に一定の査定根拠を求めることが慣行化しています。この点、査定値がエンジニアリング・レポート取得により算出された金額と大きく異なることとなった場合には、バリュエーションに大きな影響が生じてしまいます。

単価計算または単価検証を行う場合の参考値は次表のとおりです。

▼標準的な専有坪単価（月）

（単位：円/月・NRA坪）

	第一分位数	中央値	第三分位数
オフィス	200	300	350
レジデンス	—	—	—

なお、レジデンスについては、投資法人開示情報からは、第一分位数 300 円 / 月・NRA 坪、中央値 500 円 / 月・NRA 坪、第三分位数 600 円 / 月・NRA 坪と求められていますが、表示していません。テナント入替の有無という偶然の事情に左右される原状回復工事費が含まれており、単純に坪単価で計算することが適さないためです。これらについては、別途、想定するテナント入替期間に応じた査定額を計上する必要があります。なお、経験則上、レジデンスの修繕費（原状回復費除く）は、おおむね 100 ～ 200 円 / 月坪が標準的と考えられます。オフィスと比較して設備負担が小さいため、単価も小さくなることが通常です。

■原状回復工事費

オフィスの場合、貸室を入居前の状態に回復する原状回復工事は、賃貸借契約期間内に（賃料発生期間内に）テナント負担で行われます。よって、オフィス用途では当該工事費をバリュエーション上見込む必要はありません。

レジデンスの場合、**原状回復工事費**はテナントの過失による損耗等を除き、賃貸人負担とされています。また、テナント過失による損耗等があった場合でもテナントに対して求められるのはあくまで「費用負担」のみであって、「工事期間」は買主が負担しなければなりません（工事期間中は賃料が発生しないという点でオフィスと大きく異なります）。よって、レジデンスでは、賃貸借契約終了後に貸主の負担において原状回復工事を行う必要があり、当該工事費および工事期間に相当する空室損を収支上見込む必要があります。

▼原状回復工事の取り扱い

	オフィス	レジデンス
原状回復工事義務	テナント負担	賃貸人負担（故意過失による損耗等のみテナント負担）
原状回復工事期間	賃貸借契約期間内（賃料発生）	賃貸借契約期間外（賃料非発生）

Column　エンジニアリング・レポートの修繕更新費用で足りるか

エンジニアリング・レポートが取得されたのちは、これを修繕費と資本的支出とに割り振ってバリュエーションに用いる、という方法が多く見られます。この過程では必要に応じて、**CMフィー***相当額の加算等、なるべく実際の収支に近づけようとする処置がなされることもあります。しかしながら、そもそもエンジニアリング・レポート記載の修繕更新費が、実際に発生するであろう修繕費と資本的支出を網羅しているか、という点には大きな疑問があります。もちろんこの金額は一般的な想定工事費用であり、多くの場合はデータベースを用いた概算であるため、「占い」のようなものです。しかし、そもそも「バリュエーションにおける修繕費と資本的支出の合計額」と「エンジニアリング・レポートにおける中長期修繕費用」とは一致しません。BELCAの定義でも、「保守の範囲に含まれる定期的な小部品の取替等は除く」とされており、そのほか消耗品費や突発的な修繕（予測はできないものの実際には発生する）は含まれません。すなわち、不測の故障や事故による修繕は織り込んでいません。例えば「水回りが詰まったため高圧洗浄を行う」などということは実務上あり得ますが、そんな費用はエンジニアリング・レポートでは織り込んでいません。受変電設備につきPCB含有検査を行う場合の費用も、漏水が生じた場合の調査費も復旧費用も、エンジニアリング・レポートには含まれていません。管球の交換費用や備え付けのトイレットペーパー、せっけん水などのいわゆるメンテナンスコストも事実上は発生しますが、エンジニアリング・レポートには含まれません（これらは修繕費でないとする考え方もありますが、そうした場合、どの項目で計上しているのか再度確認すべきです）。

エンジニアリング・レポートにおいてとらえている範囲は、収支項目における修繕費・資本的支出より小さいことは明らかです。だとすると、エンジニアリング・レポート記載金額を割り振れば足りるとする整理は、そもそも成立しないように思われます。

* **CMフィー**：Construction Management fee。修繕等工事が発生した場合に、プロパティマネジメント会社が工事監理を行うこととなり、その対価として工事規模に応じて支払われる報酬。

■原状回復費の計上方法

原状回復工事はテナントが退去する都度発生し、その工事費は各室の利用の状態など個別事情の影響を強く受けます。よって、過年度の実績をそのまま利用することは適さず、標準的な工事費をテナント入替期間ごとに見込む方法にて計上することが一般的です。もちろん、この査定結果の検証のために実績値を利用することは重要です。

■原状回復費の査定方法

原状回復費は「年間に発生する工事費用」を計上すべきであり、工事費用の見積りと、発生サイクルの査定により、計上金額が決定されます。

計算イメージ

まず、工事費用は単価計算によって行われることが通常です。原状回復工事は言い換えれば貸室の再商品化です。建物築年数が古くなるにつれ、工事の対象となる部分（劣化部分）は増加し、再商品化のためのコストである工事費も工事期間も増加することとなります。例えば築浅の段階では、クリーニングのみ、あるいはクロスの張替程度で足りることもあります。しかし、築年が経過すれば、木部の塗装や給水設備の修繕（水漏れ）、フローリングやフロアタイルの張替など、商品としての価値を回復するための様々な工事が追加で必要となります。

こうした点を背景として、その単価にもさまざまな査定が見られます。賃貸面積坪当たり10,000円で固定する方法や、築年に応じて5,000円/坪から30,000円/坪程度まで上昇させる方法などです。単価をどう設定すべきかは物件の状況によって異なりますが、検証のため、「1部屋当たりの金額として把握し、不足の有無を確認する」ことが有益です。例えば、坪5,000円の査定は、25㎡の単身者向け住戸を前提とすると、戸当たり約38,000円の見積りを行っていることにほかなりません。クロスの張替だけで消化してしまう金額ですので、新築間もない時期であればともかく、築10年を超えてきたとき、これで足りるとは到底考えられません。このように、単価計算で求めた原状回復費を、部屋当たりのコストで再度検討してみることで、その査定の妥当性を確認することができます。

次に、その工事費が発生するのは、礼金やリーシングフィーの発生サイクルと同じ入替期間ごとです。ここで、入替期間の査定上は空室期間を含めるべき点に注意してください。

例えば、賃貸面積1,000坪、原状回復費用単価15,000円、平均入居期間4年、空室期間3か月としたときの原状回復費は3,529,412円/年と計算されます。

$$\because 1{,}000 \times 15{,}000 \div \{(4 \times 12 + 3) \div 12\}$$

なお、想定される原状回復費用単価や入替期間が居室タイプごとに異なる場合は、居室タイプごとにこの査定を行うことが適切です。

Column　原状回復工事とエンジニアリング・レポート

原状回復工事費を査定する場合、**エンジニアリング・レポート**における修繕更新費との重複がないか注意する必要があります。通常、エンジニアリング・レポートでは、テナント退去の都度のクロスの張替などは見積もられていません。よって、バリュエーション上これを別途、原状回復工事費として計上する必要があります。しかし、給湯器の更新やルームエアコンの更新は、特別な指示により除外項目としない限り、エンジニアリング・レポートに含まれています。したがって、修繕費・資本的支出をエンジニアリング・レポートによって把握したうえで、原状回復費でもこれらの費用相当額を見込んでしまうと、二重計上となります。この取り合いはなかなか難しいところがありますが、バリュエーションを誤らせる原因となるので注意を払う必要があります。

こうした重複を回避するため、エンジニアリング・レポートの修繕更新費の対象から、あらかじめ空調費を除外して作成させる方法もあります。その場合は、「空調機器は別途依頼者において原状回復工事費の査定で織り込むため、本修繕更新費では計上しない」などの注記が付されます。この注記は、気をつけてエンジニアリング・レポートを読み込まないと気づかないこともあり（あまり注意をひく書き方はされません。一般的なディスクレーマーかと思い、読み飛ばしてしまうレベルです）、この認識なく数値を用いると、費用の過小認識に基づくバリュエーションの誤りが生じてしまいかねません。よって、エンジニアリング・レポートに見慣れない前提条件がないかどうか、注意して確認することが必要です。ある運用会社では、このエンジニアリング・レポートでは空調更新費を含めない方針をとっていましたが、後任者にうまく引き継がれていませんでした。後任者は、エンジニアリング・レポートの修繕更新費で計上しているとの誤認から、バリュエーション上、原状回復工事費として空調更新費相当額を計上していませんでした。そうして、何年も空調更新費が漏れたバリュエーションを行ってしまっていた――という事例もあります。

3-9 プロパティマネジメント費（PM フィー）

PM フィーは、月次テナント管理・レポーティング業務の対価である（狭義の）PM フィーと、テナント賃料増額や契約更新など特定のテナント対応行為の対価である**スポットフィー**、修繕を行った場合の工事監理業務の対価である**コンストラクションマネジメントフィー（CM フィー）**に分類されます。建物管理費は、それがプロパティマネジメント契約に規定されていたとしても PM フィーとしては取り扱わず、これを抜き出して維持管理費（建物管理費）として取り扱います。

▼プロパティマネジメント費の定義

項目		定義
プロパティマネジメント費 PM fee	Δ	対象不動産の（賃貸）管理業務に係る経費

■ PM フィーの査定方法

PM フィーは、賃料等収入に対して一定の PM 報酬料率を乗じて計算する報酬体系がとられています。

計算イメージ

■対象となる収入

収入のうちPMフィーの計算対象となるのは、賃料収入、共益費収入、駐車場収入等、プロパティマネジメント会社の成果に連動する項目が中心です。これは、物件のパフォーマンスと報酬との間に正の相関関係を持たせ、インセンティブを付与することを目的としています。一方で、別途テナント募集費等の対価となる一時金や、預り金にすぎない水道光熱費等は通常、計算対象に含められません。

■報酬料率

料率はまちまちであり、物件規模や管理の困難性等により、協議のうえ決定されます。経験則上、おおむね1.5～2.5%程度が標準的な料率と考えられます。収入規模が小さい場合には、PM会社において採算性が得られないほどPM報酬総額が小さくなることもあります。そういった場合には、料率計算時に最低報酬（例えば月額15万円など）が設定されることもあります。シングルテナントであって、テナント管理業務等が限定的である場合や、料率計算の対象とするには収入が大きすぎる場合には、月額固定報酬が採用されることもあります。

Column　プロパティ・マネージャーの良し悪し

PM料率は会社によりまちまちですが、サービスの良否は、PM会社の銘柄や、報酬の大小ではなく、担当者に依存する部分が大きいです。同じ会社に依頼するにしても、特に事前に握っておかない場合、誰が担当するかはPM会社の判断によることとなります。そして、結果として担当することとなったプロパティ・マネージャーは先回りしてくれる方であることもあれば、いわないとやってくれない（もしくはいってもやってくれない）受け身な方であることもあります。同じPM会社だからといってプロパティ・マネージャーのレベルは均質ではありません。

担当者を指名し、それを前提にPM会社を選定するということもあるようです（物件の直接のパフォーマンスにかかわりますので、優秀な担当者についてほしいということは当然です）。指名が重なると偉くなってしまい、担当しなくなるという状況も生じてしまいそうですが、良いサービスを提供するプロパティ・マネージャー（プロパティ・マネジメント会社でなく）が取り合いになり、そのサービスに対して相当のフィーを支払うのはごく自然なことです。誰がやっても同じというサービスではありませんので、単純な価格（報酬料率）で委託先を選定するのは、本来適さないように思われます。

Column　CMフィー

PM報酬の一部とされるCMフィーは、1件あたりの工事費に応じて、料率を定めることが一般的です。例えば、1工事あたり、100万円未満は0%（無償）、100万円以上300万円未満は3%、300万円以上○万円未満は○%…というテーブルを用いた条件が定められます。

ここで、CMフィーは支出としては発生しますので、バリュエーション上も、これを計上しないわけにはいきません。しかし工事費は（総額としてはエンジニアリング・レポートにより把握したとしても）、個別の金額や発生頻度を予見することは困難です（というかそれは占いみたいなものです。）。よって精緻にこれを査定することはできず、概算の根拠すら持ちがたいものです。その点で、CMフィーはバリュエーション上取り扱いづらい支出といえます。

実務上は、概ね以下いずれかの方法がとられています。

①資本的支出額を計算するにあたって、エンジニアリングレポート記載の数値を（少しだけ）膨らませて、当該支出を織り込んでいるという体をとる方法
②その他費用としていくばくか計上しておく方法
③理屈はともかくCMフィーとして査定し、PMフィーに加算する方法（ストロングスタイルです）

量的重要性は小さく、意識外になりやすい項目ではありますが、発生する/しないで言えば発生する支出です。よって計上漏れの（つまらない）指摘を受けることがないよう注意が必要です。査定根拠を詰められると、ウッとなる項目の一つですが、過度な追及はしないことが望まれます（時間の無駄です）。

3-10　テナント募集費

テナント募集費としては、リーシング成功時に支払う**仲介手数料**と、**広告宣伝費**（**AD**）、PM に対する**事務手数料**を計上します。

▼テナント募集費の定義

項目		定義
テナント募集費	Δ	新規テナントの募集に際して行われる仲介業務や広告宣伝等に要する費用、およびテナントの賃貸借契約の更新や再契約業務に要する費用等

■仲介手数料

仲介手数料は､貸主が賃貸仲介会社に対して支払う仲介手数料です。通常､賃料（共益費を含まない）の１か月分が支払われます。

■広告宣伝費

広告宣伝費は、賃貸仲介会社のインセンティブを高めるために支払われる金銭であり、AD（advertisement）とも呼ばれます。宅建業法における報酬の制限（消費税を除き賃料１か月分*）を超えたフィーを支払う場合に、名目上、広告宣伝費として支払われるものです。空室状況に応じて、キャンペーンと称して一時的に料率を増減させること（例えば、従来 AD １か月としているところ、空室が増加し、リースアップを急ぐべき状況下では AD ２か月とするなど）も行われています。

＊…**賃料１か月分**：宅建業法第 46 条第１項：宅建業者が宅地または建物の売買、交換または貸借の代理または媒介に関して受けることのできる報酬の額は、国土交通大臣の定めるところによる。昭和 45（1970）年建設省告示第 1552 号：宅地または建物の賃貸の媒介に関して依頼者の双方から受けることのできる報酬の額の合計額は、その宅地または建物の借賃（消費税等相当額を含まない）の１月分の 1.1 倍に相当する金額以内。

■事務手数料

PM 会社が自ら客付けを行ったものでない場合、PM 会社と客付け賃貸仲介会社との間の取り決めによっては、PM 会社に手数料が入らないこともあります。その場合でも、PM 会社には賃貸借契約締結のための事務負担（テナント審査や契約書の調整、入居工事の調整など）が発生します。これに備えて、PM 契約の中で、月額賃料の 0.5 か月分等の事務手数料が定められることがあります。

なお、PM 契約におけるこのフィーの規定はうまく書き分けられていないことも多いので、読み込みには注意が必要です。例えば、「テナントを直接探索した場合には 1 か月分のリーシングフィーを支払うが、客付け業者が介在した場合でも 0.5 か月分のフィーを支払う」とされていた場合、客付け業者に対して支払うのは 1 か月なのか、PM 会社に 0.5 か月を支払うので客付け会社の取り分は 0.5 か月になるのか、PM 会社直付けの場合は 1 か月が総額なのか、事務手数料は発生しないのかなど、いろいろと解釈できてしまいます。

Column　AD のジレンマ

AD は本来、空室期間の解消を金で買う方法として採用されてきました。すなわち、「AD を 1 か月つけたとしても、それによって賃貸仲介会社が優先的に当該物件を紹介し、結果としてリーシングが 1 か月早く進めば、AD なしでリーシングした場合よりも経済的に有利である」というものです。その点では、AD の付与は賃貸人側にとっても経済合理性のあるものでした。しかし、AD の付与が一般化し、AD 1 か月とする事案はまったく珍しくなくなりました。となると、「AD 1 か月」は何らインセンティブにならず、より優先的なリーシングを期待するためには AD 2 か月以上の条件提示が必要となってきます。その状況下では、AD が付されていない物件は賃貸仲介会社の側で紹介対象から意図的に外されてしまうことさえ生じます。「AD1 は当たり前だから、少なくともそれ以上でないと競争力を持てない」というのはしばしば耳にする言葉です。

リーシング競争の過熱が投資主の利益を消失させてしまった事象です。運用会社は当然ながら必要以上のリーシングコストを支払いたいわけではないものの、自社物件のみこれを支払わないことによって競争力に劣ることも受け入れられない——というジレンマに陥っています。

■テナント募集費の計上基準

テナント募集費は、テナントが入居する都度発生し、その実績は空室発生、リーシング成功など各年の個別事情に左右されます。よって、過年度の実績をそのまま利用することは適さず、標準的なテナント募集費をテナント入替期間ごとに見込む方法にて計上するのが一般的です。なお、当然ながら査定結果検証のために実績値を利用することは重要です。

■テナント募集費の査定方法

テナント募集費の主たる査定項目は、月数と入替期間です。

計算イメージ

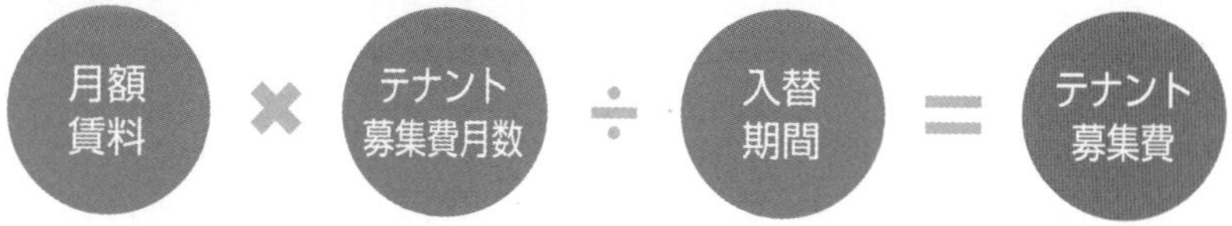

月額賃料 × テナント募集費月数 ÷ 入替期間 ＝ テナント募集費

例えば、月額賃料 10,000,000 円、空室期間 6 か月、平均入居期間 10 年、仲介手数料（込 AD）2 か月分、事務手数料 0.5 か月とすると、計上すべきテナント募集費は 2,380,952 円 / 年と計算されます。

$\because 10{,}000{,}000 \times (2 + 0.5) \div \{(10 \times 12 + 6) \div 12\}$

Column　ADと宅建業法

昭和45（1970）年建設省告示第1552号（報酬規程）第9①において、広告料金について「宅地建物取引業者は、宅地または建物の売買、交換または貸借の代理または媒介に関し、第2から第8までの規定によるほか、報酬を受けることができない。ただし、依頼者の依頼によって行う広告の料金に相当する額については、この限りでない。」と定められています。仲介会社は宅建業法の枠を超える広告料を収受する根拠をこれに求めていると考えられますが、一方で東京高裁の判決例では、広告料の取り扱いにつき次のように基準を定めています。「一般に宅建業者が土地建物の売買の媒介にあたって通常必要とされる程度の広告宣伝費用は、営業経費として報酬の範囲に含まれているものと解されるから、本件告示第6（現在の告示第9号）が特に容認する広告の料金とは、大手新聞への広告掲載料等報酬の範囲内で賄うことが相当でない多額の費用を要する特別の広告の料金を意味するものと解すべきであり、また、本件告示第6（現在の告示第9号）が依頼者の依頼によって行う場合にだけ広告の料金に相当する額の金員の受領を許したのは、宅建業者が依頼者の依頼を受けないのに一方的に多額の費用を要する広告宣伝を行い、その費用の負担を依頼者に強要することを防止しようとしたものと解されるから、特に依頼者から広告を行うことの依頼があり、その費用の負担につき事前に依頼者の承諾があった場合またはこれと同視することのできるような事後において依頼者が広告を行ったことおよびその費用の負担につき全く異議なくこれを承諾した場合に限り、広告の料金に相当する額の金員を受領することができるものと解すべきである。」（東京高判昭和57.9.28判時1058号70頁）

ここで、ADは依頼者の事前承諾という要件は満たしますが、「報酬の範囲内で賄うことが相当でない多額の費用を要する特別の広告の料金」という要件を満たすかについては疑義があります（少なくとも大手新聞への広告掲載料等という例示からしても、合理的な根拠が必要と思われます）。もちろんこれは宅建業法内の取り扱いです。よって、仮にADが違法とされる場合であっても、そのリスクはこれを収受する仲介会社が負担しています。しかしながらADの意思表示自体は依頼者が行っているので、仮に違法性を指摘された場合に無関係（宅建業者が勝手にやったことだ）といえるのかは疑問です。もっとも、ADは慣行化してしまっており、失われる事実上の賃貸競争力が大きすぎて、自社のみ廃止するわけにはいかないのが実情です。この点に気を使う大手賃貸仲介会社は、別途レポート等の成果物を提出した体で、当該レポートの対価としてAD相当の金額を収受する先もあります。

3-11 公租公課

公租公課としては、土地建物および償却資産にかかる**固定資産税**および**都市計画税**を計上します。

固定資産税は「毎年１月１日現在において、土地･家屋等を所有している者に対し、市町村が課税する地方税」を、都市計画税は「市町村が条例で定めた区域内に存在する土地や建物の所有者に課税する地方税」をいいます。土地建物については、地方公共団体が納めるべき金額を計算して納税者に通知する**賦課課税方式**がとられており、償却資産については、１月１日時点の所有者が同年１月31日までに申告し、その申告に基づき納税する**申告納税方式**がとられています。

土地建物の固定資産税・都市計画税は、固定資産評価額に基づき算出される課税標準額に税率（固定資産税であれば1.4%、都市計画税であれば各自治体により決定された0.3%以下の税率）を乗じて算出されます。償却資産税は申告税であり、毎年１月を期日として所有者から申告が行われ、これに固定資産税率を乗じた金額を負担します。

▼公租公課の定義

項目		定義
公租公課	Δ	固定資産税（土地・建物・償却資産）、都市計画税（土地・建物）

■土地の公租公課

土地公租公課は原則として実額を計上します。バリュエーション上の留意点は以下のとおりです。

①住宅用地の特例

住宅用建物の敷地（土地）については、課税標準額が減額される特例が適用されます。住宅1戸当たりの土地面積によって、小規模住宅用地・一般住宅用地のいずれかに分類され、それぞれ次のように軽減されます。

・小規模住宅用地：土地面積のうち、戸数×200m^{2}以下の部分
　固定資産税の課税標準額：固定資産評価額×1/6
　都市計画税の課税標準額：固定資産評価額×1/3
・一般住宅用地：土地面積のうち、戸数×200m^{2}を超える部分
　固定資産税の課税標準額：固定資産評価額×1/3
　都市計画税の課税標準額：固定資産評価額×2/3

この特例は、課税時点（1月1日時点）の利用状況に応じて適用が決定されるため、新築時において当該年の課税明細等を確認する場合には、特例適用を受けた金額か否かに注意することが必要です。

②負担調整措置

土地公租公課は**負担調整措置***により軽減されている場合があります。その場合には、将来に負担調整措置の解消が進むことは明らかですので、あらかじめかかる調整がないものとした税額を計算し、採用することが適切です。具体的には、固定資産税評価額に60～70%（商業地の場合）のいずれかの値を乗じて負担調整措置が解消された状態の課税標準額を計算し、これに税率を乗じた金額を税相当額として取り扱う方法です。

■家屋の公租公課

家屋の公租公課は、原則として実額を計上します。バリュエーション上の留意点は以下のとおりです。

①経年減点補正率

家屋は築年数が進むにつれ減価していきます。課税上もこれを反映すべく、築年の経過に応じた減価が行われます。この補正にあたっては、固定資産評価基準（総務省）における経年減点補正率表が参考となります。

②新築住宅の特例

新築の住宅用家屋については、「固定資産課税標準額を新築後一定期間減額する」特例が適用されます（有期的な措置とされていますので、バリュエーション時点で都度確認することが必要です）。これらは適用期間が５年ないし７年に限定されることが明らかですので、バリュエーション上はこの特例を除外した公租公課額を採用することが適切です。

＊**負担調整措置**：税負担が急に増大することを防止し、土地の固定資産税評価額が大きく上昇したときでも、土地の固定資産税課税標準額を緩やかにするために適用される措置。具体的には、商業地における固定資産税の課税標準額は、次に示すいずれかの低い方とされる（ただし、前年度の課税標準額が評価額の60％未満で計算結果が新年度評価額×60％を超える場合は新年度評価額×60％、前年度の課税標準額が新年度評価額の60～70％の水準にある場合は前年度課税標準額に据置き）。

・新年度評価額×70％
・前年度課税標準額＋新年度評価額×5％

当該措置が適用される場合には、本来計算される固定資産課税標準額を下回った（調整後の）課税標準額に基づき課税されている状態にあり、将来固定資産評価額の下落がない限り、課税額の上昇が生じる。

■ 償却資産の公租公課

償却資産は「土地および家屋以外の事業の用に供することができる資産で、その減価償却額または減価償却費が法人税法または所得税法の規定による所得の計算上、損金または必要な経費に算入されるもの」と定義され、対象として舗装路面、庭園、門・塀・外構工事、看板、立体駐車場、その他建築設備や内装工事・内部造作等が例示されています。

■ 計上方法

・土地建物

現在賦課されている金額を課税明細や公課証明等に基づき採用します。有期の減額措置（土地に係る負担調整措置や家屋に係る新築住宅の特例など）は、近い将来解消されるものですので、(DCF 法ではこれを取り込むにしても）DC 法ではこういった軽減措置を適用しない金額を採用するのが適切でしょう。

・償却資産税

原則として現在の申告内容に基づき課税される金額を計上します。償却資産税は申告納付ですので、売買が発生した場合、新たに買主において申告しないことも考えられます。しかし、前年度まで申告のあった資産の申告がなくなった場合、地方公共団体の固定資産税課からいわゆる「お尋ね」が来て、結果、納付が必要となることもあるので、現負担額と同額を計上することが適切です。

償却資産税の申告対象には、不動産収支として取り扱うのに適さないものが混在している場合があるので、所有者から**種類別明細書***の開示を受けるなどの方法で確認することが必要です。

＊**種類別明細書**：償却資産申告における資産ごとの明細（課税標準額含む）を記した書類。

■ 査定方法

実績値が不明な場合の計算例としては、以下の方法が考えられます。

• 土地

土地数量×対象地前面道路の相続税路線価÷0.8*×0.7*
×(固定資産税料率 1.4%＋都市計画税料率[0〜0.3]%)

• 建物

建物再調達価格(査定による)×70%
×(固定資産税料率 1.4%＋都市計画税料率[0〜0.3]%)

• 償却資産税

償却資産税に関する資料が得られない場合には、これを類推して査定する方法はありません。申告内容は物件やオーナーによってまちまちであるためです。よって、「実額は不明だが負担のある見込みが高い」場合には、消極的選択として、「その他費用」の費目において一定額を予備費として計上する方法がとられることもあります。

なお、公租公課は前記のとおり概算が可能ですので単価計算には向きませんが、大まかなレンジを示すと次表のとおりです。

▼標準的な専用坪単価（月）

（単位：円／月・NRA 坪）

	第一分位数	中央値	第三分位数
オフィス	1,100	1,400	1,600
レジデンス	500	600	700

＊ 0.8：相続税路線価は時価の８割を目安として決定されているため、該当時点の時価相当額に修正するため行う調整。

＊ 0.7：課税標準額は固定資産評価額の７割を目安に調整されるため、固定資産評価額相当を課税標準額相当に修正するため行う調整。

3-12 損害保険料

保険料としては、**火災保険、賠償責任保険、利益保険、地震保険**（必要に応じて）を計上します。火災保険は、火災被害に遭った際の損害を補償する保険（付保基準により、落雷や破裂、爆裂、風災、雪災、水災等による被害も対象となる）をいいます。賠償責任保険は、施設（不動産）による対人・対物事故への賠償を補償する保険をいいます。利益保険は、補償対象の事故等により事業資産が損害を受けた結果生じる営業費用および利益損失を一定期間補償する保険です。地震保険は、地震の発生により建物が損壊等の被害を受けた場合の損害を補償する保険です。

▼損害保険料の定義

項目		定義
損害保険料	Δ	対象不動産および付属設備に係る火災保険、対象不動産の欠陥や管理上の事故による第三者等の損害を担保する賠償責任保険等の料金

■保険料の決定

保険は、代理店経由で各保険会社の見積りを取得して加入することとなります。この際、保険料は付保基準や免責の程度により増減します。

■付保基準

付保基準は、運用会社におけるガイドライン、信託受託者の基準、レンダーの付保基準を満たす条件のものが採用されます。ただし、バリュエーションに大きな影響を与えるほど、各者の付保基準に相違はありません。

■利益保険の取り扱い

保険のうち利益保険については、レンダーおよびアセットマネジメント会社は利益保険付保を求めることが多いです。一方、信託受託者は所有者責任の手当に主眼を置くためか、利益保険は付保基準に定めないことが通常です。利益保険は不動産収支を構成しないとして、バリュエーション上これを除外する主体も存在します。

■地震保険の取り扱い

自主的に加入する場合のほか、建物の**地震 PML***が一定の基準値（例えば 15%など）を上回った場合に、付保が求められることがあります。保険料への影響が大きく、収支を圧迫することとなります。

■保険料の計上方法

見積額または実績額を計上します。

■保険料の査定方法

保険料査定は、建物再調達価格の査定値に、保険料率の査定値を乗じて行います。適切な保険料率は災害発生確率等に影響され変動しますが、本書執筆時点ではおおむね 0.03%程度が標準的です（地震保険を含まない）。

計算イメージ

建物再調達価格 × 保険料率 ＝ 保険料

＊**地震 PML**：PML は Probable Maximum Loss の略。地震の発生に対して予想される最大の物的損失額あるいは予想される最大の物的損失額の再調達価格に対する割合。

なお、保険料を単価計算する場合のレンジは次表のとおりです（量的に小さく、バリュエーションへのインパクトは極めて軽微です）。

▼標準的な専有坪単価（月）

（単位：円／月・NRA 坪）

	第一分位数	中央値	第三分位数
オフィス	15	19	28
レジデンス	15	16	18

Column　保険料情報提供上の注意点

保険料をバリュエーションで用いる場合、または保険料に関する情報を関係当事者（特に鑑定会社）に提供する場合、保険料の前提条件に誤解がないかどうか確認することが必要です。すなわち、保険のかけ方にはポートフォリオとして付保する方法があり、これによるディスカウントを受けている場合があります。その場合、個別で保険を付保するとしたときに、保険料が上昇することとなります。また、ポートフォリオとして保険付保を行う場合、既存の保険に追加する形がとられ、その場合の保険料は年間ベースでなく、既存保険期間の残存期間を対象とする保険料が請求されます（例えば、年額 400,000 円の保険料であったとしても、既存ポートフォリオの保険残存期間が残り 8 か月であった場合、請求される保険料は日数按分した 266,666 円（400,000 円×8 か 月÷12 か月）となります。保険料の計算期間を考慮せず、請求額をそのままバリュエーションに用いてしまうことも生じがちです。自社または自社が依頼する鑑定会社の評価上の誤りを回避するため、年額をベースとした適切な金額が用いられているかどうかのチェックが必要です。

3-13 その他費用

その他費用としては、「これまでの支出項目には分類し難いけれども不動産支出に当たるもの」を計上します。

▼その他費用の定義

項目		定義
その他費用	Δ	その他支払地代、道路占用使用料等の料金、予備費等

■計上の対象となる項目

地代、隔地駐車場賃借料、道路占用料、町内会費、付帯サービス（ケーブルテレビ・無料インターネット等）の原価、特定の資産のリース料など

■計上方法

実績値を採用します。

■査定方法

「総収入の○%」あるいは「年額○円」など。

Column 「その他費用」という魔法

バリュエーション上の魔法（小細工ともいいます）の一つとして、「常に一定金額をその他費用として計上しておく」方法があります。資料提供上の不具合や単純な見落とし等により、あるべき支出の計上漏れが生じてしまうことは実務上ときどきあります（事後に気づいたときはしばらくの間、うまくごまかせるかどうか懊悩煩悶(おうのうはんもん)することになります）。そういった場合に、その他費用がまったく計上されておらず、そのほかの支出項目で読み込む余地がないとすると、言い訳もできませんし、誤ったバリュエーションだとされてしまいかねません。費用の上昇により物件の評価も下がるし、さらにはそのバリュエーションを担当した自身の評価も下がり、いいことがありません。

その点、「その他費用」で一定額を予備費的に計上していた場合、計上不足だった費用は「その他費用」で見ているとの主張が可能となります（強弁だったとしても）。そして仮に金額が不足していたとしても、「計上不足ではあったかもしれないが見落としではない」という体をとることができます（強弁だったとしても）。見落としはすごく怒られます。過少計上も怒られる可能性はありますが、見落としよりはまだましです。

あまり保守的にその他費用を見積もると価格競争力を失うため、やりすぎは適切ではありません。しかし、バリュエーション上参照できる資料が必ずしも網羅的でない可能性や、読み込み不足などの人的エラーが生じる可能性は、やはり排除できません。その点では、これくらいの逃げ道を残しておくことは許されるのではないでしょうか。もちろんやりすぎはいけません。評価のスタンスが疑われますし、何より価格競争力が落ちます。

3-14 資本的支出

資本的支出は、主に設備更新時期や外壁改修時期など数年のスパンで発生するコストを平準化した金額を計上します。不動産証券化分野では、エンジニアリング・レポートにおける修繕更新費用に依拠することが通常です。調査時点から12年程度を対象期間として求められる修繕更新費の年平均値を（修繕費と振り分けたうえで）資本的支出額として用います。

▼資本的支出の定義

項目		定義
資本的支出 CAPEX	Δ	対象不動産に係る建物・設備等の修理・改良のために支出した金額のうち、当該建物・設備等の価値を高め、またはその耐久性を増すこととなると認められる部分に対応する支出

■資本的支出の計上方法

エンジニアリング・レポートが取得されている場合には、当該レポート記載の修繕更新費の年平均額を求め、これを修繕費と分離して資本的支出を計上します。税務上の取り扱いを根拠として、修繕更新費の30%相当を修繕費とし、70%相当を資本的支出とする方法も広く採用されています。

■資本的支出の査定方法

資本的支出は設備の更新や外壁改修等を対象とするため、その金額は建物の再調達価格との相関性を持ちます。よって、資本的支出を査定により求める場合は、再調達価格に一定の料率を乗じます。

計算イメージ

資本的支出は、築年に伴う設備などの劣化や更新状況に影響されます。料率には諸説ありますが、おおむね0.5～2.0%程度がよく用いられる範囲です。

Column　資本的支出のコントロール

エンジニアリング・レポートを取得する側においては、**修繕更新費**を調整することで、間接的にバリュエーションをコントロールすることができます（勧めていません）。

（自ら、または関係者の）バリュエーションを上げたい場合には、修繕更新費を低下させる調整を行います。具体的には、工事種別としての更新を修繕に変更し（まだ修繕で持ちますよね？　という会話をエンジニアリング・レポート作成会社と相談します）、工事金額を落とす方法があります。ほかにも、エンジニアリング・レポート算定期間の調整によるコントロールが挙げられます。すなわち、エンジニアリング・レポートにおける修繕更新費はあくまで特定の期間に発生するであろう工事費を切り取ったものです。バリュエーションはこれ（主にその年平均）を修繕費と資本的支出として取り扱っているにすぎません。そしてこの平均値の切り取り方によって中長期修繕費を変化させられます。

例えば、大規模な工事の実施時期を後ろ倒しし、算定対象期間外とすることで、エンジニアリング・レポートにおける中長期更新費用は下がります。また、当該工事が算定期間外となるよう修繕更新費算定対象期間を短くすること（例えば、12年間であった算定期間を11年ないし10年に短縮し、11年目ないし12年目に計上されていた大規模工事費を除外すること）でも、同じく中長期更新費用は下がります。さらに、大規模な修繕更新工事を分割工事とし、その一部を修繕更新費算定期間から除外すること（例えば、12年目に計上されていた中央監視盤更新工事を３期工事とし、うち２期を13年目、うち３期を14年目に計上することとして算定期間内の発生額を減少させる）ことでも、中長期更新費用は下がります。

反対に、関係者のバリュエーションを小さくしたい場合もあります。例えば、売主の立場で「売却価格＞鑑定評価額」という関係を作りたいようなときです。その場合には、前記と反対の調整（例えば大規模修繕を前倒しして算定期間内に取り込んだり、修繕を積極的に更新工事に置き換えたりする）を行うことによって、修繕更新費を大きく算定し、結果としてバリュエーションにマイナス方向の影響を与えることが可能です（勧めていません）。

エンジニアリング・レポートは、各所へ影響するものであるため、その作成の背後では、こうした調整が行われることがあります。エンジニアリング・レポートには詳細なシナリオまでは示されていないため、どんな前提で作成されたか、作成者と発注者との間でどんな調整がなされたかを読み解くことは困難ですが、そういった調整が入っている可能性があることを踏まえておく必要があります。もちろん、それをわかったうえでうまく乗っかることもよくある話です。

Column　大規模修繕とバリュエーション

継続鑑定評価のレビューをしていると、「賃料査定やCAPレート査定に変更がないにもかかわらず、評価額が上昇している」事案をときどき目にします。変更点を確認してみると、エンジニアリング・レポートの再取得により、中長期修繕費用が減少し、評価上の修繕費および資本的支出額が減少し、NCFが上昇し、結果として評価額が上昇したというものです。大規模修繕が実施されれば、これに相当するものとして見積もられていた中長期修繕費用が減少することは、一面的には合理性を持つものです。例えば、中長期修繕費用の算定期間中に見積もられていた外壁修繕を実施した場合には、その工事費は（少なくとも算定期間内には）発生しないので、結果として中長期修繕費用の見積りが相当減少したとしても不思議なことではありません。エンジニアリング・レポートにおける中長期修繕費用の査定とはそういうものだからです。しかしながら、これを単純に評価に織り込んでしまうと、評価上のバランスはかなりいびつなものになってしまいます。

例えば、先の外壁修繕の費用が50,000,000円であったとし、中長期修繕費用の算定期間が12年であったとします。その場合、工事実施前と工事実施後とでは、中長期修繕費用の年平均額は約4,166,667円低下します。当該金額をそのままバリュエーションに織り込んだ場合、NCFは同額分上昇することになります。そして、そのNCFをそのまま収益還元してしまうと、多くの場合、工事費を上回る評価額の上昇が生じてしまいます。

［工事費50,000,000円、中長期修繕費用の算定期間12年（結果として減少する中長期修繕費用4,166,667円/年)］とした場合を次表に示します。

▼工事費5000万円、修繕費算定期間を12年とする場合

（単位：円）

CAPレート	3.0%	5.0%	7.0%	9.0%
価格上昇額	138,888,889	83,333,333	59,523,810	46,296,296
評価額増減額*	+88,888,889	+33,333,333	+9,523,810	Δ 3,703,704

＊**評価額増減額**：価格上昇額－工事費(50,000,000円)。

この表のとおり、投下した工事費を超えて評価額が上昇する場合があります（CAPが3.0%であった場合には、なぜか工事費用を超える88,888,889円ものバリューアップが生じたことになってしまいます）。工事費用と価格上昇額とが均衡するのはCAPレートが8.33%（1÷中長期修繕費用の算定期間たる12年）の場合であり、現市況下においてはほとんどの場合において、価格上昇の効果が得られてしまうことになります。

これは、エンジニアリング・レポートにおける中長期修繕費用があくまでも算定期間に発生が予想される金額であることを考慮せず、単純に記載値を採用することによって生じてしまう歪みです。もちろん、中長期修繕費用を採用することは業界の慣行となっていますし、これと異なる特別の評価方法を持つことは困難です。しかしながら、工事実施により市場価値の回復はあるにしても、それによって投下資本を超える価値上昇が生じるのはやはり誤りです（バリューアッドの場合はこの限りではありません）。

実務上、本来は物件評価額が下落する局面であっても、これを維持しなければいけない場合もあります。例えば、LTVテストにかかりそうな場合や、私募リートにおいて基準価格を下げたくない場合、よいリファイナンスを取りたい場合などです。そうしたとき、工事の実施とエンジニアリング・レポートの再取得は、以下のようなフローを経て、評価額の維持・上昇に役立てられる場合があります（簡略化しています）。

①エンジニアリング・レポートで予定されている大規模修繕を実施
②エンジニアリング・レポートを再取得
③中長期修繕費用を従来より低い金額で認識
④認識するNCFが上昇
⑤収益還元した結果としての評価額の上昇

売買の局面では、エンジニアリング・レポートの取得は買主により行われ、資本的支出の減少が取得価格の上昇に直結しないため、使いづらいと思われます。しかしながら、既述のLTVテストのための鑑定評価や、リファイナンスのための鑑定評価の取得等の局面では、有効な手立てになりうるものです。

以下の要件を備える場合には、検討可能性はあるように思われます（勧めていません）。

①工事費相当のキャッシュが使えること
②（緊急性は高くないにしても）工事自体は（いずれ）必要であること
③評価額を伸ばすべき特別の理由があること

3-15 収支項目の検証

ここでは、各収支項目の査定について、注意すべき点をまとめます。

■ PMレポートの読み方

バリュエーションにおいて参照する資料の中でも、**PMレポート**は非常に重要性の高い資料ですが、その値の採用にはやはり詳細の確認が必要です。

①計上区分

PMレポートはその作成主体により、どの収入・支出をどの項目に計上するかはまちまちです。例えば、法定点検費用をスポット費用として修繕費項目に含めて計上している場合があります。また、塵芥処理費も同じく、修繕費やその他費用の項目で計上している場合があります（これは第三者評価を高めるための「工夫」です）。そうすると、実績値の採用方法次第では、これらの支出の計上漏れが生じてしまうことがあります。よって、PMレポートの実績をそのまま自社のバリュエーションシートに転記するのではなく、計上区分が合致しているかどうかをまず確認することが必要です。具体的には、入金明細や出金明細等のシートを用いて、各収入項目や費目に何が含まれているかを確認する必要があります。なお、いずれの場合も、思い込みによって誤りが生じてしまうことを回避するため、いったんは入金明細や出金明細等に基づく計上区分の確認をしておくべきです。

②ノイズの除去

PMレポート上には、バリュエーション上採用すべきでない特異な収支が含まれている場合があります。例えば、特定の事故があった場合の保険金収入が収入として計上されたり、解約予告期間を経ず退去した場合の即時解約違約金が収入として計上されたりする場合です。こうした特異な収支は、査定上のノイズとなってバリュエーションを誤らせるおそれがあります。こうしたノイズは次の手順で除去できます。

・月次レベルでの収支の変動を確認し、ある月にだけ極端に大きな金額が計上されていないかどうか確認する。
・特異な変動があった場合には、当該月のPMレポートにおける入出金明細を参照する。
・当該確認結果に基づき、ノイズとして除外すべきものか否かを判断する。

こうしたノイズは、複数年の収支実績を並べてみることで洗い出しができます。実績値を採用する項目については、直近の情報にとらわれず、複数年を比較することが肝要です。

■QAにおける確認

資料はバリュエーション結果を左右します。よって、資料をいつ提供し、または受領するかというタイミングは、売主または買主にとって重要な要素です。事後的に開示を受けた場合は価格調整の理由となり得ます。よって、売主またはボロワーの立場からは、情報開示が事後になることを防ぎ、条件悪化のリスクを回避すべきです。

一方で買主またはレンダーの立場おいても、途中でディールブレイクするというリスクを回避するためには、やはりLOIやタームシートの交付時までに、リスク要因となる情報は極力確認しておくべきでしょう。

Column　QA のタイミング

特定の **QA** を LOI 交換前には意図的に実施せず、優先交渉権取得後、売主の自由を奪ってからこれを行う方法があります。

QA によって特定の減価要因を LOI 提示前につまびらかにしてしまった場合、買主は LOI に、その要因に基づく手当（提示価格の下落や売主での負担）を織り込まざるを得ません。その場合、LOI の競争力は失われてしまいますし、売主は当該条件を踏まえたうえで、自らに最善となる優先交渉権者を決定することができます。しかし、意図的に QA の実施を LOI 交換後とすることにより、その手当を売主に負担させることが可能な場合があります。

事後的な要求（例えば構造計算書紛失に伴う再計算の実施）があった場合でも、売主は、当然に応じる義務はありません。それほど重要なことであれば、「あらかじめ QA で確認しておくべき」という考え方もありますし、当事者間の力関係によっては、「それを気にするのは買主の勝手だから買主負担で対応しろ」という整理もあり得ます。しかし、売主は、すでにクロージングプロセスに入っています。スケジュール上、優先交渉権者の変更ができない状況かもしれません。優先交渉権者を次点の検討者に変更したとしても、同様の取り扱い（価格減額や売主負担）を求められるおそれもあります。こうしたことを背景として、売主は交渉関係から簡単には離脱できず、消極的選択であっても、この買主の要求に付き合わざるを得なくなることも少なくありません。

あらかじめ開示された減価要因は LOI に反映せざるを得ず、結果として提示条件は価格競争力に劣ったものとなり得ます。しかし、裏を返せば、あらかじめ開示されなかった事項は価格に織り込む必要はないとの解釈もできます。

QA で深掘りをしないことによって、意図的に減価要因の認識を回避し、競争力ある LOI を作成する。そして優先交渉関係に持ち込み、売主の選択肢を狭める。そのうえで「事後的に」発見した減価要因を LOI の一般的売買条件（デュー・ディリジェンス条件等）で打ち取って、売主負担に持ち込む——。そうしたやり方は実際に可能であり、これをテクニックとして用いるプレイヤーもいます。

売主の立場では、情報開示は丁寧に、網羅的に行い、こうした事後的な売買条件の悪化を避けるべきです。買主の立場では、こうした関係性をうまく（レピュテーションが落ちない程度に）活用し、有利な立ち振る舞いを目指すべきです。

■取り込むべき情報

減価要因が新たに開示され、または発見された情報である場合には、価格調整が行われることにも一定の理解は得られます。しかし、それが既開示の情報であった場合、減額等の交渉は不適切なものと見なされます。後出しで条件悪化を持ち出す買主またはレンダーと見なされ、レピュテーションの低下につながりかねません。したがって、バリュエーションによる価格決定時には、当該時点までに入手できている情報は、すべて反映することが必要です。

Column　入札①

物件取得方法の一つに**入札**があります。ご存じのとおり、特定の期日に複数者（参加者を限定しないオープンと限定するクローズドがあります）から札を集め、最も良い条件を提示した者に優先交渉権を付与するというものです。

この入札の声掛けや、他の参加者の銘柄や見込み金額などにかかる情報提供は、特定の担当者に対する貸し借りの方法としても利用されます。

クローズドビッドに呼ぶとか、他社の検討状況を流して有利に進めさせることの見返りとして、別案件の専任媒介を受任するとか、ちょっと生臭いお話です。

最も厳格に行われる入札では、参加者を集めて、直接入札箱に入札させ、その場で開札し、優先交渉権者を決めるという方法がとられます。

行政の行うそれと同じように、主により公正さを図りたい場合に採用されます。

入札では複数の札が競合しますので、うまく（割安に）買えるということはあまり起きません。

その点で旨味は少ないことが多いものの、買い手としてのプレゼンスは上がりますので、物件情報の拡大という副次的効果が生じます。

「馬鹿みたいな値段で買う先」だとか「駆け込み寺」だとかの悪口を言われたころには、明らかに情報量が増えました。

悪口さえいい宣伝になったものです。

■計算例一覧と注意点

収支計算上の計算例と注意点をまとめると次表のとおりです。

▼収支項目の計算例

項目	計算式	注意事項／専有坪単価ほか	
		レジデンス	オフィス
賃料	坪単価×専有面積×12か月		
共益費	坪単価×専有面積×12か月		
水道光熱費	実績値または0		支出バランス考慮
駐車場収入	月極単価×台数×12か月×稼働率		
その他収入	実績値	礼金・更新料計上	
空室損	(賃料＋共益費)×{ダウンタイム÷(平均入居期間＋ダウンタイム)}		
運営収益			
維持管理費	実績値または坪単価×専有面積×12か月	350~700円	900~1,300円
水道光熱費	実績値または貸主持出分（坪単価×専有面積×12か月）	110~170円	200~400円
修繕費	坪単価×専有面積×12か月 原状回復費坪単価×専有面積÷入替期間	100～200円前後 原状回復費計上	200~350円
PM費	運営収益（水道光熱費・礼金・更新料等除く）×○%	1.5~2.5%	1.5~2.5%
テナント募集費	月額賃料÷入替期間×月数（仲介手数料 1＋AD○か月）	—	—
公租公課	実額または査定値 土地：相続税路線価÷8×7（または固定資産税路線価）×（1.4%＋都計税料率） 建物：再調達価格×経年減点補正率×（1.4%＋都計税料率）	軽減措置考慮 新築住宅特例排除	
損害保険料	坪単価×専有面積×12か月	20円	30円
その他費用	実績値または運営収益×○%	0.0～0.3%	0.0～0.3%
総費用			

＊**総収入**：この場合は実績値のため、空室損控除後。

■収支査定の軽重

NOIを構成する各項目について、バリュエーションを行う場合の月坪単価の例を示します。実務上は入手できる情報に限界があり、推定によらざるを得ないことも多くあります。また、事案によってはバリュエーションに多くのリソースを投入できないケースもあります。こうした場合、事実上ある程度の軽重をつけることが合理的です。特に収支項目の中にはNOIに占める比率が小さい項目もあり、極端にいえば、これらに誤りがあったとしてもバリュエーションへの影響はほとんどないこともあり得ます（誤りが発覚した場合の人的信頼性への影響はあります……念のため）。よって、特別な状況下では一定の取捨選択を行うべきであり、平常時でも、各項目の査定に費やすべき時間は、やはりその項目のNOIへのインパクトに応じたものとすべきです。

次表は、ある投資法人の運用実績に基づき月坪単価をまとめたものです。**総収入***に対する、賃料・共益費の割合がオフィス87%、レジデンス95%であるのに対し、費用項目はいずれも10%以下の水準です。この点からも、収支査定でどの項目が重要かは明白です。

▼収支項目の専有坪単価（月）

	オフィス		レジデンス	
	円／月・坪	総収入比	円／月・坪	総収入比
総収入	17,712	100%	9,919	100%
賃料・共益費	15,404	87%	9,462	95%
その他収入	2,308	13%	457	5%
PM・BM	1,667	9%	510	5%
公租公課	1,543	9%	571	6%
水道光熱費	1,722	10%	184	2%
修繕費	391	2%	478	5%
保険料	23	0%	23	0%
その他支出	389	2%	490	5%

■ バリュエーション時のQAとクロージング

QAは主に「LOI交換までのフェーズにおいてバリュエーションのために行われるもの」および「クロージングフェーズにおいて、DD（エンジニアリング・レポート取得等外部調査を伴うもの）のために行われるもの（法定点検是正状況の確認等）」に分類されます。ここで、「どの段階でどの程度のQAを行うべきか」は前記のとおり、価格交渉や経済的分担と密接な関係を持ちます。

また、QAはドキュメンテーションにおいても有効に活用すべきものです。すなわち、QAにおける売主の回答は、売買上のリスクを売主に分担させる根拠となります。例えば、「テナントとの紛争がない」旨の売主回答がQAであった場合、その旨の表明保証を**PSA***上で得ることは容易になるでしょう（QAで「ない」と回答していたにもかかわらず、PSA上でその責任を負担しないとすることは通常合理的ではありません）。この点、分業体制がとられることが多いものの、各段階のQAをドキュメンテーション上のリスク分担調整上の下敷きとして用いることは非常に有益ですので、買主としては両者をうまく結び付けて交渉すべきです。一方で売主としては、言質をとられないよう不用意なQA回答はあらかじめ回避すべきです。

Column　きれいなDIPと汚いDIP

相対の売却であろうが、入札であろうが、スムーズに進められるのはきれいな**DIP***が準備されているケースです。事前準備を適切に行っているケースでは、質疑が生じるであろう資料が備えられ、QAもほとんど生じません。もちろん事前準備に工数はかかりますが、複数の検討者からのQAに五月雨で答えるよりは、よほど手数はかかりません。

一方で最悪なのは、売主が事業会社等で情報整備ができておらず、このための支援を仲介会社が十分に行っていないケースです。こうしたケースでは資料の出は悪く、QAは遅々として進みません。回答を待っている間に価格提示を求められるという訳のわからない状態に陥ることさえあります。

＊ **PSA**：Purchase and Sale Agreementの略。売買契約書。
＊ **DIP**：Deep Information packageの略。物件に関する詳細資料をパッケージ化したもの。

仲介の立場では、専任でない限りリソースはかけづらい事情があるのかもしれません（パッケージを揃えるだけで、それなりの工数はかかります）。また、お付き合い上物元となる売主に強くいえないのかもしれません（これもわかります）。しかし、証券化ビジネスの参加者は他人のカネを扱っていますので、不明な点を積み残したまま買うことはできません。高値での売却を目指してこの分野で買主を募るのであれば、それなりの事前準備は負担する必要があります（とはいえ、せっかくの投資機会ですので、情報が出ないからドロップするという判断もしづらいのが悲しいところですが…）。

売主がプロの場合でも、（ひっかける積極的な意図がない限りは）なるべく綺麗なDIPを作っておくことが望まれます。情報の提供漏れの回避やこれに基づく表明保証違反のリスクも軽減できます。

Column　不動産収支として取り扱わない項目

アセットマネジメントを行っていた際、PMから上がってきた修繕費に関するファンディングリクエストに「株価ボード」金6,000,000円が含まれていたことがありました。証券会社店内に設置されているアレです。テナントたる証券会社（セールス＆リースバックの売主でもありました）の店内の株価ボードを交換するというものでした。もちろん貸主資産ではありませんし、投資家の資金を使えるはずがないので、説明のうえ取り下げてもらいました（不服そうでしたが）。念のため所有者側で負担している償却資産税を確認したところ、通常はオーナー資産となり得ない諸設備（当然に交換前の株価ボードも含まれていました）をオーナー側で申告し、納税していた事実まで判明しました。売買時の資産区分の切り分けが不十分だったため起こったものであり、会計部門もあるべき形を理解できていなかったため看過されてきたものでした（セールス＆リースバック案件は気をつけなければなりません）。当該資産は、名目を見れば不動産収支を形成しないであろうことは直感的にわかるようにも思いますが、分業による弊害だったのでしょうか。同様に、信託報酬や事業所税など、不慣れな場合には不動産収支と混同してしまう項目もあります。PMレポートや投資法人運用報告において信託報酬はNOI前の項目として記載され、また、事業所税は売買精算の対象となることもあり、いずれも不動産収支と誤解してしまう余地があるためです。初学者は、まずは不動産収支として認識すべき外縁を適切に把握することが必要です。

Column　経費率

バリュエーションを行う際には、十分な情報が得られない状態でもいったん数値を出さなければならないケースがあります。特に、物件検討に進めるかどうかのスクリーニングには、手間はかけられません。かといって、大きく外すこともできません。当然ながらスクリーニング段階では十分な情報を入手しておらず、入手しないまま評価を進めなければなりません。よって、各収支項目は、本来なら実績値に基づくべきものであっても、査定によらざるを得ないことがあります。ここでよく誤った利用が見られるのは**経費率**という考え方です。

経費率は「有効総収入（または総収入）に対する総費用の比率」として定義されますが、これを利用してNOIを算出しようとするやり方です。その考え方に基づくと、例えば、有効総収入が100、経費率が30%であるとして、NOI 70を求めます。簡便な方法であることに間違いはありません。しかし、そもそも経費率は相当にうさんくさい数値です。

NOIまでの収支をそれぞれ適切に求めたうえで、結果的に経費率を求めることは可能です。しかし、賃料差により収入は変わります。物理的にはまったく同じビルでも、それが都心部に立地する場合と地方都市に立地する場合とで、賃料は大きく異なります。例えば、東京都千代田区や港区で20,000円/坪とれる物件が、大阪では10,000円/坪ちょっと、地方都市では10,000円/坪を下回るということは普通にあります。一方で、費用項目について賃料や地価と相関性の高い項目はわずかです（PM報酬やリーシング報酬、公租公課については一定の相関性が認められますが、その影響は大きくありません）。

単純化のため空室損を除外すると、仮に総費用が4,000円/坪であった場合、都心部20,000円/坪での経費率は20%ですが、地方部10,000円/坪では経費率40%と大きく異なることになります。賃料水準によって経費率を調整して用いるのであれば別ですが、直感的なものではありません。それよりは専有坪単価による概算を行った方がまだましなように思われます。

第4章

CAPレートの査定

CAPレートの査定は、賃料収入の査定と並んでバリュエーション上、最も重要な部分です。実務上は、他の類似物件の取引事例（利回り事例）から比較・類推して査定する方法が用いられています。

4-1 CAPレートと収益還元法

CAPレート（2-3節参照）は不動産価格に対する純収益の割合であり、還元利回りとも呼ばれます。純収益と価格とは、元本と果実との関係に立ちます。すなわち、ある不動産に投資する場合に期待される利回りがX%である場合､純収益は価格× X%となります。収益還元法は、この関係性に基づき、純収益をX%で割り戻して価格を求める手法です。割り戻すときに使用するのが還元利回りすなわちCAPレートです。

> **〈例〉**
> 価格100、期待利回り4%の場合、純収益は4となります。
>
> ∵ 100 × 4%
>
> 純収益4、期待利回り（≒還元利回り）4%の場合、価格は100となります。
>
> ∵ 4 ÷ 4%

4-2 CAP レートの概要

■推移

CAP レートは、収益用不動産に係る需給バランスの結果として形成されます。需要が強いまたは供給が少ない場合には不動産価格は上昇し、結果として CAP レートは低下します。不動産需要が弱いまたは供給が多い場合には、不動産価格は下落し、結果として CAP レートは上昇します。2000 年以降の不動産証券化市場では、証券化ビジネスの浸透に伴う市場拡大により、需要が徐々に増加し、CAP レートは低下しました。メガバンクがノンリコースローンに乗り出したのもこの頃で、資金調達が容易であったことも、これを後押ししました。ただし、2008 年の金融危機により、不動産金融市場への資金流入はほぼストップする状態となりました。市場においては証券化不動産に対する買い手は、資金力のある投資家や一部のデベロッパーに限定され、需要は極端に減少し、CAP レートは上昇しました。その停滞が続いたのち、2010 年代から金融緩和に伴う資金調達コストの低下等の後押しもあり、需要は回復し、CAP レートは再度低下に転じることとなりました。当然に CAP レートの低下は不動産価格の上昇につながり、CAP レートの上昇は不動産価格の低下を生ぜしめます。不動産賃貸市場とはまったく別の要素として、不動産価格に強い影響を与えるものが CAP レートを構成する環境です。

用途別 NOI CAP レートの推移

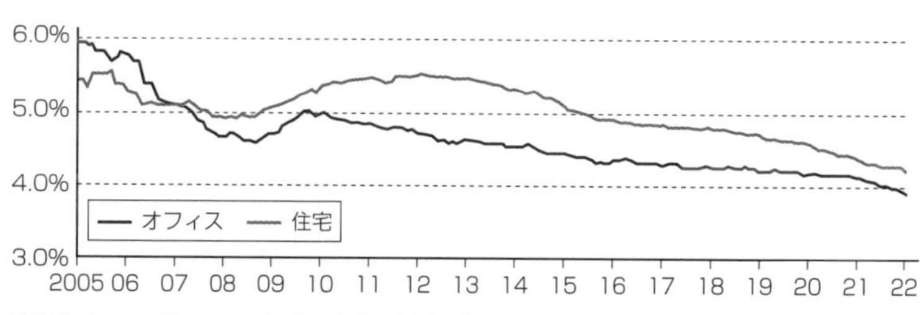

出典：ARES Japan Property Index に基づき作成

Column　ストラクチャードファイナンスと市場の変化

組成したファンドや投資案件は３年から５年のノンリコースローンにより資金調達を行うのが通常ですが、この売却時期において、市場の変化に直面し、しかもこれが悪化であることも当然ながらあり得ます。

2008年の金融危機は大きな転換期となりました。J-REITはともかく、有期のファンドの多くはこの市場の変化に耐えきれず、望まぬ物件処分が重ねられました。筆者が直接関与していたファンドも三つこれで失いました。1000億まで育った愛着のあったファンドはエクイティをつなげず、切り売りされてなくなりました。駅前ロータリーに面した二度と買えない物件も多くありました。200億のオフィスファンドはメザニンレンダーに引き取られました（このメザニンレンダーとは、メザニン主導期間の終了が先か、当該メザニンレンダーのデフォルトが先か、という我慢比べでした）。700億のファンドは長くデフォルトの状態で引っ張られ、市況回復を数年待ってレンダーコントロールで処分されました。全損させた海外投資家に何度かオフィスに乗り込まれました。積み上げたAUMがどんどん失われていきました。

ストラクチャードファイナンスでは、ローン期間に基づき物件売却時期はあらかじめ定まります。そしてその際に、賃貸市場が荒れていようが、金利が上昇していようが、マーケット自体がぶっ壊れていようが、売却しなければなりません。LTVの余力や追加出資等の手立てができれば別ですが、多くの場合、その余地はありません。反対に、取得時はやばい投資であっても（レントを上限で見ており、CAPレートも楽観的な取り方をしていても）、運用期間中の市場の変化に助けられ、結果として成功することもあります。2000年序盤や2010年台に仕入れた物件は、こうした追い風によって大抵の案件が成功事例となりました。

成功事例も失敗事例も、市場の変化の影響を強く受けています。振り返れば、成功事例はたまたまうまくマーケットに乗っかっただけで、誰でも実現できたのではないかとさえ思えます。

■金利との相関

不動産価格は、金融市場における各種金利とは負の相関関係に立ちます。すなわち、金利が上昇すれば、CAP レートも上昇し、不動産価格は下落します。反対に金利が低下すれば、CAP レートも低下し、不動産価格は上昇します。

①レバレッジ効果

収益用不動産投資は、ローンを併用することによる**レバレッジ効果**を活用するのが通常です。レバレッジ効果とは、不動産投資を行う際に資金調達コストの安いローンを併用することで、エクイティ利回りをかさ上げすることをいいます。不動産利回りと金利との差が大きければ大きいほど、その効果は高くなります。

〈例〉

物件価格 100、NOI 利回り 4%の物件をフルエクイティで取得する場合、エクイティ利回りは 4.0%となります。一方で、当該物件の取得に、LTV 60%、金利 2%のローンを併用した場合、エクイティ利回りは 7.0%となります。

∵ {(100 × 4.0%) − (100 × 60%× 2.0%)} ÷ {100 × (1 − 60%)}

レバレッジ効果の例

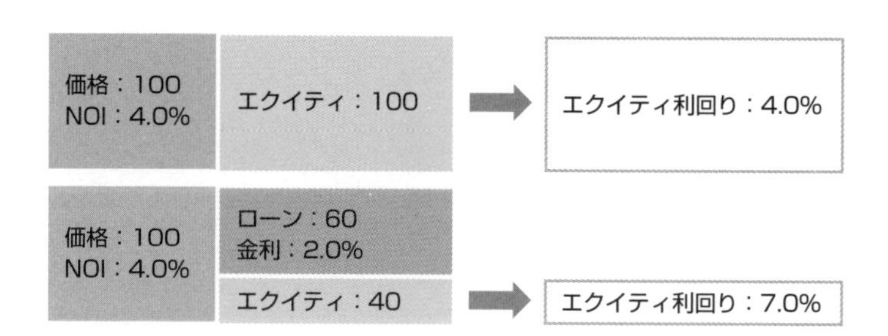

②金利変動と不動産価格

先の例で、物件価格は 100、NOI は 4 でした。ここで、借入金利が変動した場合を見てみます。

〈例〉

NOI 4、LTV 60%、金利 1.5%であった場合、7.0%のエクイティ利回りを獲得するための不動産価格は 108 となります。

∵ 4 ÷ {60% × 1.5% + (1 − 60%) × 7.0%}

このときの CAP レートは 3.7%となります。

∵ 4 ÷ 108

金利が 2.5%まで上昇したとすると、7%のエクイティ利回りを獲得するための不動産価格は 93 に低下します。

∵ 4 ÷ {60% × 2.5% + (1 − 60%) × 7.0%}

このときの CAP レートは 4.3%となります。

∵ 4 ÷ 93

このようにエクイティ利回りを一定とすれば、金利変動の結果として CAP レートは増減する関係に立ちます。

NOI 4、LTV 60%、物件価格 100 を満たすエクイティ利回りと適用金利

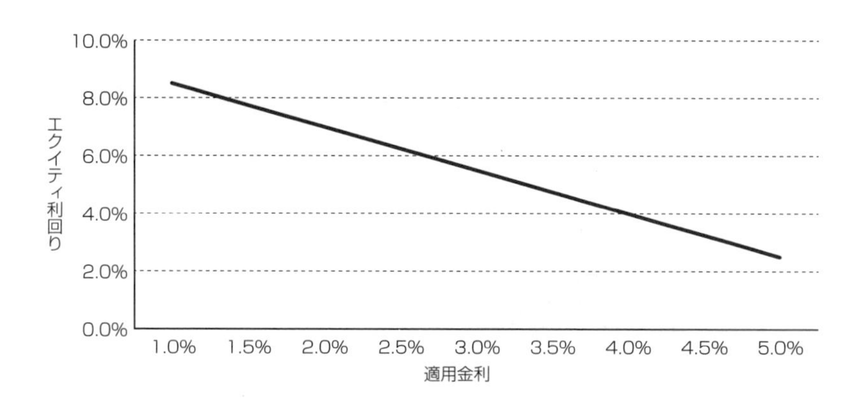

NOI 4、LTV 60%、エクイティ利回り 7.0%を満たす物件価格と適用金利

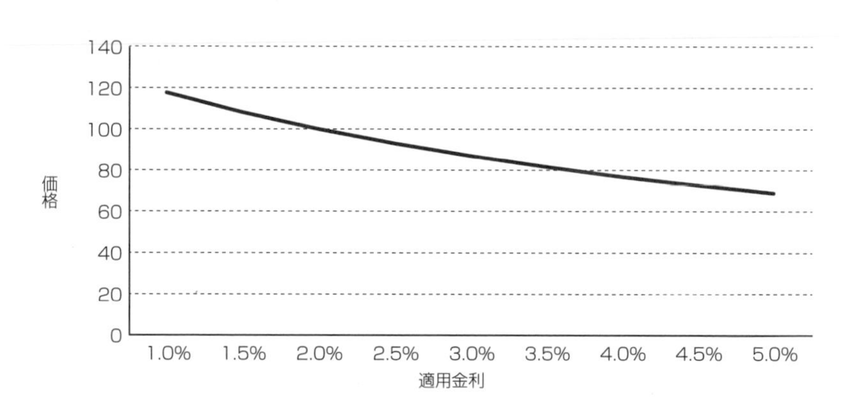

③金利の先行きとCAPレート

過年度において、金利は長期にわたって低下してきており、この良好な資金調達環境を背景に、CAPレートは低下傾向で推移しています。足元で生じている金利上昇は、ここしばらくなかったCAPレート反転（上昇）の端緒となるので、より高い注意を払うことが必要です。

10年国債利回りの推移

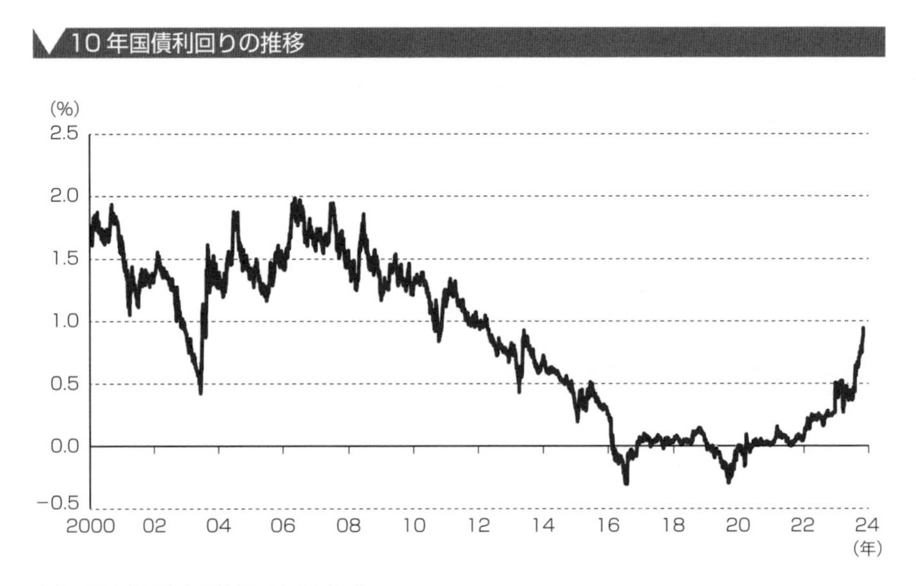

出典：財務省国債金利情報に基づき作成

4-3 査定方法

CAP レートは、「類似の不動産の取引事例との比較から求める方法」が多く用いられています。不動産鑑定評価基準上は、そのほかに「借入金と自己資金に係る還元利回りから求める方法」や「土地と建物に係る還元利回りから求める方法」、「割引率との関係から求める方法」なども定められていますが、いずれも直感的でなく、根拠資料を示すことが困難であるため、実務上はほとんど利用されていません。

■概要

類似の不動産の取引事例（利回り事例）との比較から求める方法は、例えば「対象不動産より劣る物件が 3.6％で売買され、対象不動産より優れる物件が 3.4％で売買されていたときに、これらの利回り事例との比較において、対象不動産の CAP レートを 3.5％と査定する」というものです。この方法の根底には、「CAP レートは**リスクプレミアム**の積上げである」という考え方があります。

■リスクプレミアムの加減

個別の不動産について、その個性は様々です。都心部の物件もあれば、地方都市所在の物件もあります。駅に近く利便性の高い物件もあれば、これらの条件に劣る物件もあります。また、新築の物件もあれば、築 30 年を超えた物件もあります。当然に都心部に所在し、駅近で、築年も新しい物件であれば、中長期的に収益が獲得可能と考えられます。一方で地方都市に所在し、駅から遠く、築年も古い物件は、収益獲得が維持できなくなるリスクが高いと考えられます。不動産というくくりはあっても、各物件はその個別性によってまちまちであり、投資対象とするうえでも無差別ではありません。そのため、これらの個別的なリスクを比較し、補正する必要があります。

■リスクファクター

個別のリスクプレミアムを生じさせるリスクファクターとしては、次表のようなものが考えられます。

▼CAPレート査定上のリスクファクターの例

リスクファクター	補足説明
地域性に関するリスク	地域の成熟度や発展性など 大小関係：都心部＜地方都市
テナントリスク	テナント集中度や賃料ギャップなど 大小関係：マルチテナント＜シングルテナント
権利関係に関するリスク	共有・区分所有・借地など 大小関係：完全所有権＜共有・区分所有
その他リスク	築年数・規模・グレード・既存不適格など

Column　魔法の0.1%

CAPレート査定でときおり見られるのが、「とりあえずリスクプレミアムとして0.1%を計上しておく方法」です。定性的には減価要因であるものの、定量化が困難な事象は少なからずあります。例えば権利関係が共有であるとか、区分所有であるとか、借地であるとかです。こうした要因が価格形成に対してマイナスに働くことは疑いないものの、その定量化が困難です。リスクとしては共有者リスクとか、意思決定を単独で行えないリスクとか、地代改定リスクとか様々なものが考えられますが、それは経済的にどの程度のボリュームなのかといわれると、なかなか困ってしまいます。そうした場合、とりあえずCAPレートの査定に0.1%を乗せておく方法がとられます。0.1%に計算的な根拠はありません（それらしい計算が可能な要因もありますが、そういった要因はその計算によればいいだけです）。0.1%を乗せることで、少なくともバリューファクターを反映したバリュエーションの体がとれます（もちろん明らかに0.1%では足りないこともあり、できるだけ定量化に努めるべきです）。これもやりすぎると怒られますし、何より価格競争力を失います。

Column　バリューファクターの二重計上

バリューファクターの取り扱いは以下3つの方法があります。

①収支に織り込む方法
② CAPレートに織り込む方法
③評価額から直接加減する方法

これら方法のいずれを採用するかは、当該バリューファクターを最も適切に反映できる方法をとるべきです。このとき、バリューファクターの二重計上が生じないように注意することが必要です。

ある物件のバリュエーションをレヴューしたとき、対象不動産の天井高が低いため、リスクプレミアムを0.1%乗せたという説明を受けたことがあります。これは原則として誤りです。なぜならば、その要因を所与として賃料を査定しているはずだからです。別途これをCAPレートで見てしまうと二重計上になります（天井高が低いことが、現状の賃料形成以外に将来のリスクになるのであれば、誤りではありません）。

同様に「空調が個別空調でない」や、「駅距離が遠い」なども、将来その要因が賃料形成とは別の問題として特別に需要を弱めるおそれがない限り、賃料査定の問題であり、CAPレートの問題ではありません。また賃料ギャップに関しては、どの賃料を基準にNOIを把握するかによってリスクプレミアムの正負が異なりますし、直接評価額に加減する方法を採った場合には、CAPレートでの調整は不要となります。

テナント集中度が高かったとしても、これに対して計上すべきリスクプレミアムは、あくまでキャッシュリザーブ等による資金効率の悪化や供給の競合によるダウンタイムの一時的な長期化にかかる減価相当です。中長期的な賃料やダウンタイムの査定は別途行うべき問題であり、これらは混同すべきものではありません。

二重計上や計上漏れが生じないように、バリューファクターの計上方法は丁寧に検討することが必要です。

■CAP レートの査定例

利回り事例から利回りを査定する考え方の一例をあえて示すと、次図のようなプロセスになります。

▼CAP レートの査定過程（ブレイクダウン）

	A ビル		B ビル		対象不動産	
取引利回り	4.0%		3.7%		3.6%	
特性	・対象不動産より交通利便性の劣る●区に所在 ・賃料ギャップなし ・土地は借地 ・建物は築 25 年		・対象不動産と同じ▲区に所在し、熟成度・交通利便性同等 ・現賃料は、市場賃料を下回りギャップあり（市場賃料実現にリスクあり） ・完全所有権 ・建物は築 15 年			
	⬇		⬇		⬆	
地域性リスク	●区	+0.4%	▲区	+0.2%	▲区	+0.2%
テナントリスク	なし	± 0.0%	あり	+0.1%	なし	± 0.0%
権利関係リスク	借地	+0.1%	完全所有権	± 0.0%	完全所有権	± 0.0%
その他（築年数）リスク	25 年	+0.2%	15 年	+0.1%	13 年	+0.1%
	⬇		⬇		⬆	
ベースレート	3.3%		3.3%		➡ 3.3%	

利回り事例における還元利回りの補正は以下の手順で行います。

①取引利回りの把握できる利回り事例を収集

②当該取引利回りを補正すべき要因（取引利回り固有のリスクファクター）を抽出・定量化

③これら要因を除外したベースレートを求める

④対象不動産にかかるリスクファクターを加減

バリュエーション上は、（過程が明示されるかどうかはともかく）こうした要因比較を経て利回りを査定します。

Column　証券化適正規模

不動産を証券化して運用する場合、証券化のための**ストラクチャーコスト***が発生します。これは投資パフォーマンスに影響を与えるため、結果的に、証券化に適した規模が自ずと限定されます。これは「規模の経済性」の問題です。

ストラクチャーコストは固定費と、不動産価格に依存する変動費とに分けられます。ストラクチャーコストがすべて不動産価格に依存した変動費であれば、理論的には不動産の規模にかかわらず証券化が可能となります。しかし、固定費的性格のコストは不動産規模にかかわらず一定額が発生します。物件規模が大きかろうが小さかろうが、受託者やエンジニアリング・レポート作成会社、鑑定会社や会計事務所の業務的負担はあまり変わりません。よって、そもそも固定費的料金設定が行われているストラクチャーコストは、規模に応じた価格柔軟性をほとんど持ちません。これら固定費的性格を持つストラクチャーコストは、当然に不動産規模が小さくなるにつれ、収支を圧迫することとなります。例えば、信託報酬100万円/年が、1億円/年のNOIに与える影響は1%ですが、NOIが1000万円/年であった場合には、それだけで10%の利益が失われることになります。よって、物件規模が小さくなるにつれ、投資効率の悪化が生じます。

また、規模が小さくなるにつれ、変動費的性格を持つストラクチャーコストの料率は上昇します。これは、証券化商品組成に係るリソースと売上とのバランスの問題によります。例えば、AMフィーが物件価格の0.5%であったとしたとき、100億円の物件のAMフィーは5000万円/年ですが、10億円の物件では500万円/年にしかなりません。物件規模が小さいからといって、行うべきアセットマネジメント業務はさほど変わらないので、両案件はアセットマネジメント会社にとって無差別ではありません（当然、効率の悪い案件は取り組みません）。これを解消するためには料率を上げるしかありませんが、そうすると投資効率は悪化します。このように、ストラクチャーコストは下方硬直性を持つため、結果として証券化に適した不動産規模は自ずと定まることになります。そして、こうした「規模の経済性」等の影響を受けるがゆえに、地方部での不動産証券化は進みづらいのです。

***ストラクチャーコスト**：取得時に発生するコストと、期中に発生するコストとに分類される。取得時に発生するコストとしては、リーガルフィーやSPCの組成コスト、デュー・ディリジェンスコスト、エクイティに係る私募取扱報酬、ローンアップフロントフィー、AM取得報酬、仲介手数料等があり、これらは運用期間中に償却され、または簿価を形成して一部は建物として償却される。期中に発生するコストとしては、信託報酬や税務会計費用、期中鑑定評価、期中AM報酬、利払い等があり、これらは各期の損金となる。

4-4 その他バリューファクターの反映

個別の不動産に生じているバリューファクターには様々なものがあります。このバリューファクターの直接還元法への反映方法としては、「**収支査定に反映させる方法**」、「**価格の直接の加減項目として取り扱う方法**」、「**CAPレート査定上のリスクプレミアムとして取り扱う方法**」があります。

■ 収支査定に反映させる方法

恒常的に発生する収入や支出は、NOIの各項目査定時に反映させます。例えば、恒常的に発生することが見込まれる付帯収入（自動販売機やアンテナ基地局収入等）はNOIの構成項目として取り扱います。そのほか、定期点検等費用も（特殊建築物定期調査など毎年発生しない支出も各年度に平準化させて）建物管理上恒常的に発生する支出として費用計上します。

■ 価格の直接の加減項目として取り扱う方法

一度のみのスポットで発生する支出は、直接の**加減項目**として取り扱います。例えば、取得時に一時的に稼働が落ち込んでいる場合、想定する安定稼働に至るまでには空室損やリーシングコストが発生します。当然にその状態にある不動産は、安定稼働を実現している不動産と比べて価格に劣ります。また、借地案件では出口において地主に対する譲渡承諾料が発生します。当然にその状態にある不動産は、完全所有権の不動産との比較において（地代負担の問題とは別に）所有者に費用負担を生ぜしめます。よって、これらを評価額に適切に反映させる必要が生じます。そこで、これらを合理的に見積もり、不動産価格に直接加減して、評価額を算出します。

Column　収支と加減項目との混同

初歩段階でよくある誤りが、「NOI査定上扱うべき収支」と「評価額の加減項目として扱うべき収支」との混同です。例えば、評価時点において、空室率が高く、または大口テナントの退去が決まっていたとします。そうした場合、この要素はどのように評価に反映すべきでしょうか。NOI査定上の空室率を高めに見るべきでしょうか？　一時的なものとして考慮不要でしょうか？　PMのリーシングに係るインセンティブを高めるためにPMフィーを厚めに計上して評価すべきものでしょうか？　これらはいずれも誤った方法です。まず、稼働率の変動は常に生じます。テナントの事情が重なった場合に、たまたま一時期に解約が集中してしまうこともあり得ます。こうしたタイミングの問題と評価上の空室率査定とは、切り離して考える必要があります。しかし、同じ物件が現時点で空室である場合と適正な稼働状況にある場合とで、経済価値は等しくありません。よって、一時的なものとして考慮不要とする考え方もやはり適切ではありません。ではどうするか。適正な稼働状況にある場合との経済的相違を考えることです。当該物件を取得して実際に運用することを想定すると、まず、数か月のリーシング期間が発生します。当然、その間は空室損が発生します。リーシングが決まった場合、仲介手数料や広告宣伝費が発生します。場合によってはフリーレントも発生するかもしれません。これらリーシングコストを負担して初めて、適正な稼働状況に持っていけるのです。よって、次図の計算式が成立します（会計上の損益ベースでは少し複雑になりますが、売却までのキャッシュフローベースではこの計算式が成立します）。

取得時のリースアップコストの取り扱い

置き換えると、次の計算式となります。

これは空室に限らず、「目前で特定の設備の更新が必要であり、CAPEXが膨らんでいる」、「一定のリノベーションを行うことを前提とする」など特別な状況にある場合にも妥当性を持ちます。こうした当初加減項目を誤ってNOIやNCFの計算に含めてしまった場合、そのバリュエーションはいびつなものになってしまいます。

Column　資本的支出に関するリスク分担

NOIを用いたバリュエーションを行うということは、その評価を行う主体（売買時でいえば買主）が資本的支出額に対するリスクを負担することにほかなりません。専門家調査による資本的支出額の判明がLOI交換後のタイミングとなり、いくら想定外にこれが多額であったとしても価格調整を行えないからです(もちろん、エンジニアリング・レポートの修繕更新費用があまりに大きかった場合には、価格の見直し等を申し入れることはできます。レピュテーション等を考慮する必要はありますが)。これを回避するためには、LOI交換前にエンジニアリング・レポートを取得するほかありませんが、そうするとLOI提示に時間がかかるほか、買えるかどうかわからない物件に外部コストをかけることとなり、現実的ではありません。結果として実務上は、売主提示のエンジニアリング・レポートや社内専門部署の協力を得ながら、査定値をもってLOI提示に臨むこととなります。この査定値と、事後的にエンジニアリング・レポートにおいてドラフトされた資本的支出額とのギャップ調整には、少なくない労力がかかります。

■CAPレート査定上のリスクプレミアムとして取り扱う方法

不動産の市場性に影響を与えるリスクファクターについては、CAPレート査定上のリスクプレミアムとして加減し、評価に反映させます。

例えば、築10年の物件と築30年の物件を比較すると、後者は残存経済的耐用年数に劣るので、市場性に劣ります。両者が同じCAPレートで売りに出ていた場合、購入希望者が前者を選ぶのは当然です。よって、築年数の経過した不動産を評価する場合、建物築年数にかかるリスクプレミアムを加算したCAPレートを適用する必要があります。

また、①既存賃料と市場賃料とが一致している場合、②既存賃料が市場賃料を上回る場合、③既存賃料が市場賃料を下回る場合――ももちろん無差別ではありません。②はリテナントや賃料改定などで①の状態に至るまで超過収益が得られますし、③は反対に市場賃料を前提とすれば得られたはずの収益が得られません。

賃料ギャップと期中キャッシュフロー

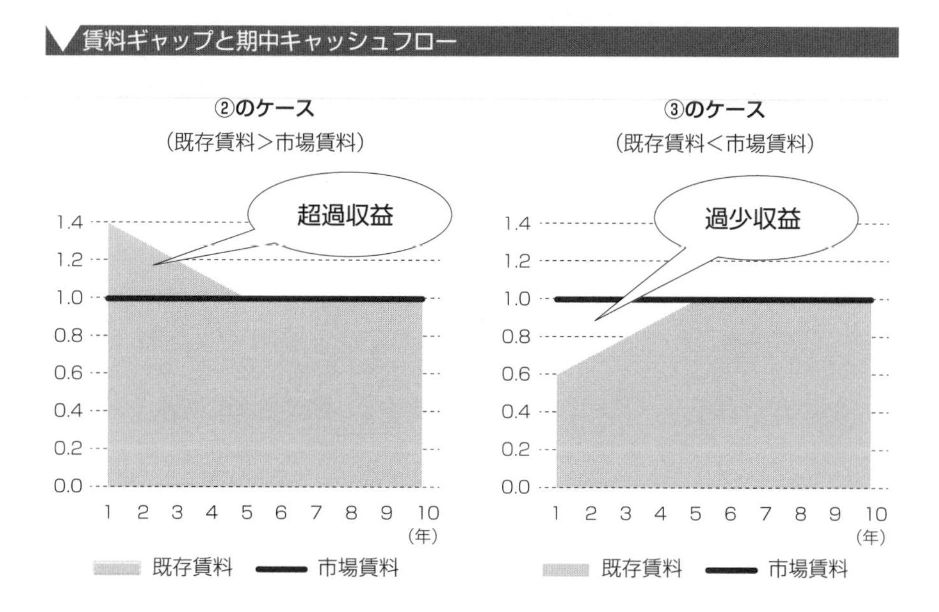

既存賃料を前提として評価することは適切ではありません。なぜならば、当該超過収益または過少収益は中長期的に継続するものではなく、これをそのまま取り込んでしまうと、過大評価または過小評価につながるためです。

よって、やはり賃料は市場賃料を前提として査定し、バリュエーションを行います。

そうすると、超過収益が生じている又は過少収益が生じている要因を別途反映する必要があります。

その方法の一つがCAPレートを調整する方法です。具体的には、②のケースではマイナスのリスクプレミアムを加算し（結果としてCAPレートは低下します）、③のケースではプラスのリスクプレミアムを加算します（結果としてCAPレートは上昇します）。

これらのリスクプレミアムは定量化し難く、その査定には困難を伴います。しかし、「恒常稼働時のNOIとの間にギャップが生じている」、「収支査定や価格への加減項目として織り込めないバリューファクターがある」といった場合には、やはりその価格はそれがない場合と無差別ではありません。よって、（消極的な選択肢ではあるにしても）CAPレートの補正としてこれらの要因を織り込むことが必要です。なお、リスクプレミアムの査定には、一般社団法人日本不動産研究所作成の投資家調査（アンケート協力会社用集計結果報告書）における「期待利回りの格差」が参考情報の一つとなります。

4-5　NOIに対するCAPレートとNCFに対するCAPレート

DC法では、純収益として**NOI**を用いる評価方法と、**NCF**を用いる評価方法とがあります。これは収益を何で見るか（NOIかNCFか）の違いですが、当然ながら、いずれを用いるかによってCAPレートも異なります。

NOIに対応するCAPレートは、NCFのそれと区別する場合には「**NOI CAPレート**」と呼ばれ、NCFに対応するCAPレートは「**NCF CAPレート**」と呼ばれます。その大小関係は「NOI CAPレート ＞ NCF CAPレート」となります。

NOI CAPレート ＞ NCF CAPレート

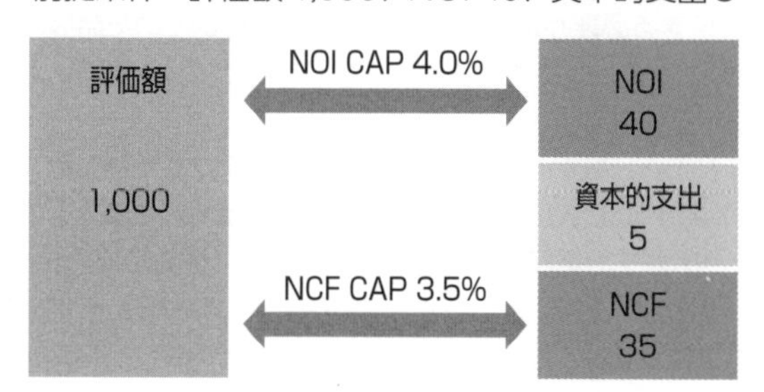

「NOI」と「NCF CAPレート」の組み合わせでバリュエーションを行うと、過大評価が発生します。一方、「NCF」と「NOI CAPレート」の組み合わせでは過小評価が発生します。単純にCAPという用語を用いる場合も多いですが、いずれを指しているかには注意が必要です。また事例資料を収集する際にも、かかる事例資料におけるCAPレートがいずれを指しているかを区別して読み込む必要があります。

Column　グロス利回り

不動産売買の現場では3種類の利回りが用語として用いられます。すなわち、**グロス利回り**と**ネット利回り**（NOI CAPレート）、**NCF利回り**（NCF CAPレート）です。グロス利回りは総収入を価格で割ったもので、主に物件紹介の場面や検討が浅い段階で用いられます。

NOIやNCFを求めるには、総費用や資本的支出を査定する必要があります。このためには資料の読み込みや精査が必要であり、簡単に求めることはできません。一方で総収入は、基本的にはレントロールがあればある程度把握できます。よって、とりあえずの目線を示す目的で、「グロス（利回り）○%」というような使い方がなされます。

グロス利回りを求める際の総収入は、基本的には（現状空室があったとしても）満室想定であり、想定される空室損を控除しない金額が用いられるので、バリュエーションにおける総収入とは一致しません。また、テナント負担の水道光熱費収入を含めたり含めなかったりと、使う人やその目的によって、指すものはまちまちです。よって、グロス利回りに基づき収益性を論じる場合には、「何が含まれていて何が含まれていないのか」に注意する必要があります。特に仲介会社は、利回りをなるべく高く見せたいため（高い利回りの物件と認識させられれば検討してもらえる可能性が高まります）、総収入に何でもかんでも（消費税さえも）含めがちです。資料をもらって計算してみたら、聞いていた話ほど収益が大きくなくてがっかり‥‥ということもよく起こります。

検討に乗せるために意図的にやっているのか、無邪気にやっているのかはわかりません。前者だとすると、しょうもない話です。費やした検討時間（と上がってしまったテンション）を返してほしいと思います。後者だとすると、その方の発言は市場の混乱のもとでしかありません（そんな認識で言及される「○%で取引された事例」は誤解のもとです）。

いずれにせよ、グロス利回りはかなり曖昧なものですので、それだけであまり期待値を高めるべきではありません。

■バリュエーションで用いる CAP レート

バリュエーション上は、NOI を用いる方法、NCF を用いる方法のそれぞれが存在しますが、不動産証券化ビジネスでの実務では、NOI を用いるのが一般的だと思われます。

通常、証券化売買では、デュー・ディリジェンスの一環として、売買時に**エンジニアリング・レポート**を取得します。そして、バリュエーションにおける資本的支出は、このエンジニアリング・レポートの調査結果である修繕更新費用の年平均額を用いるのが一般的です＊。

しかし、エンジニアリング・レポートを取得するのは、コスト負担等の問題により、通常は売買の蓋然性が高まった時点すなわち LOI 交換後です。

ここで、評価額は LOI を基礎づけるものですので、エンジニアリング・レポート取得により価格が変更されてしまうと、LOI 提示価格の見直しを余儀なくされます。そして、LOI 交換以降に価格調整が行われるとすると、LOI に対する信頼性は失われ、売主はこうした買主に対して優先交渉権を与えづらくなってしまいます。こうしたことを背景として、売買実務上は、資本的支出額に左右されない NOI および NOI CAP レートを用いたバリュエーションが定着したものと思われます。

NCF 確定までのフロー

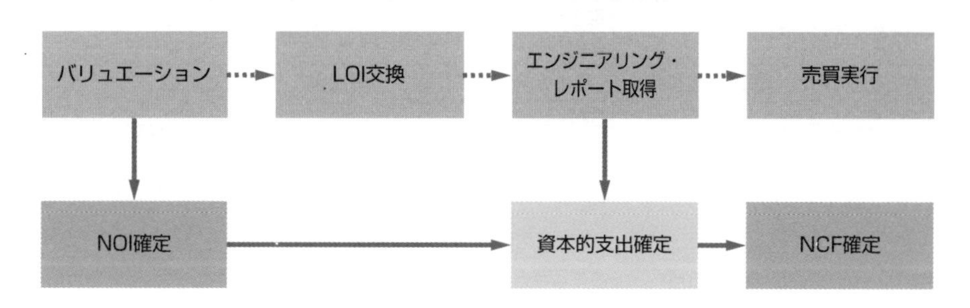

＊…**一般的です**：実際には、当該金額は総費用の１項目である修繕費を含むため、修繕更新費用に 70%を乗じた金額が用いられる。

なお、不動産鑑定評価上はNCFを用いるべきことが定められています。鑑定評価の取得はエンジニアリング・レポート取得と並行して同時期に行われるので、NCFを用いた評価が可能となるためです。

■利回り事例の入手方法

CAPレートの査定にあたっては、利回り事例の入手が欠かせません。ただし、取引価格の情報がわざわざオープンにされることはないので、その入手には苦心することになります。利回り事例（またはこの補足となる情報）の情報ソースを例示すれば次表のとおりです。

▼利回り事例の情報ソース例

参考資料	把握できる情報	ソース
投資法人における物件取得/売却のニュースリリース	取得価格 専有坪単価 収支情報 CAPレート （取得時）鑑定評価情報	各投資法人IR
STO*を用いた不動産ファンドに係る有価証券届出書	同上	EDINETなど
不動産流通サイトにおける成約情報	取引価格 専有坪単価	各社Webサイト
精通者ヒアリング	取引価格 CAPレート	売買仲介会社 アセットマネージャー
投資法人における決算関連資料	（各決算時の継続）鑑定評価情報	各投資法人IR
マーケットデータ	CAPレート リスクプレミアム	不動産投資家調査等

＊ **STO**：Security Token Offeringの略。電子的に発行された有価証券であるセキュリティ・トークンで資金調達を行う方法。

Column　利回り事例としての継続鑑定評価

利回り事例の取得で最も容易なのは上場不動産投資法人の**IR 情報**です。これらは公開情報ですので、誰でも容易に取得できます。また、決算期ごとに時価情報の開示が行われるので、取引利回りではなく鑑定評価で採用された利回りではあるものの、投資法人に組み入れられているすべての不動産の利回り情報を得ることができます。

ただし、継続鑑定評価の利回りが査定値であることには留意が必要です。もちろん、期中鑑定評価は時価情報開示のため、適切な手続きが踏まれており、各時点の経済情勢の変動を織り込んだものとなっています。しかしながら、投資法人においては時価評価を大きく動かしたくないというもくろみもあり（それはLTV テストによるものかもしれませんし、投資主に対する見せ方の問題によるものかもしれません）、おおむね各期の鑑定評価の変動は小さくとどめられています。よって、鑑定評価利回りも物件取得時点のものから大幅な変更が加えられることは少なく、結果的に市場における利回りの変化に追い付いていないことが生じがちです。

ある証券化鑑定評価のレビューを行った際に、当該物件で採用していた CAP レートと、その鑑定会社が上場不動産投資法人の継続評価（物件の類似性はかなり高い）で採用していた CAP レートが大きく異なる事案がありました（継続評価物件には 4.2％がつけられ、新規取得物件には 3.3％がつけられていました）。整合性について照会したところ、「一方の評価は継続評価であるため、新規評価と乖離があってもおかしくない」と堂々と回答されてしまい、大変驚いたことがあります（これ、おおっぴらに回答しちゃって大丈夫なの⁉）。

継続評価が多すぎて、鑑定会社内部でも利回りのバランスをとることが難しくなっているのかもしれません。いずれにせよ、（望ましいかどうかはともかくとして）継続評価事例には外部から読み取れない背景が介在していることもあるので、参考程度にとどめておくのが望ましいと思われます。

Column　売買適期とストラクチャードファイナンス

賃料と CAP レートは変動するので、当然に、売却に適した時期とそうでない時期とがあります。売主の立場では、「賃料が低下し、または CAP レートが上昇している時期」には売却を回避し、「賃料が上昇し、CAP レートが低下している時期」に売却を行うことが最適な選択です。しかし、特にファンドなど一定の投資期間を予定して資金調達を行っている投資スキームでは、この売却時期の調整を市況に応じて行うことが困難な場合が多くあります。

ファンドでは「投資期間を 3 年から 5 年とし、期限内に売却によるエグジットを迎える」という設計が多いですが、この売却予定時期における市況は予測できません。大幅な市場変動が特にない場合もありますが、たまたまコロナ禍が発生していたり、金融危機が生じていたりすることもあり得ます。ファンドスキームはストラクチャードファイナンスにより資金調達をしているので、かかる市況変動に対する柔軟性を持ちません。所定の時期までに売却が実現しない場合、売却の主導権はレンダーに移り、レンダーはエクイティの積み増しによるリファインナンスを行うか、自らの債権を保全するための売却を行うかの選択を行います。レンダーサイドにおいて、期限の利益喪失事由が生じてしまうと、当該債権は早期処分を迫られるので、その解消に向けて換価処分を急ぐのはやむを得ないことです。しかしながら、売却適期でない場合に早期処分を行うことは、投資行動としては本来適切ではありません。回復を待って売却すれば生じなかった売却損（レンダーの立場においては一部貸倒れ）も生じてしまうかもしれません。

ストラクチャードファイナンスであるからこそ、設計どおりの処理を行う（行わなければならない）のですが、市場サイクルを認識した調整が行えるのであれば発生しない不利益はやはり存在します。かつての金融危機において、規定どおりに早期処分を進めた金融機関からも、後悔の声が聞こえる点です。

4-6 専有坪単価による検証

バリュエーション結果の適切さは、査定額の専有坪単価で検証することができます。

■専有坪単価

専有坪単価は「対象不動産の専有面積１坪当たりの単価」であり、次図の計算により求めます。

専有坪単価の計算イメージ

■専有坪単価比較の意義

専有坪単価は、バリュエーションがおおむね適正に行われているかどうかの検証に非常に有効な指標です。例えば、対象不動産より優れるＡビルおよび対象不動産より劣るＢビルがあったとします。ここで、ＡビルとＢビルの専有坪単価（この場合は売買金額を専有面積で割ったもの）を対象不動産の評価額と比較します。当然にその関係は「Ａビルの専有坪単価 > 対象不動産の専有坪単価 > Ｂビルの専有坪単価」となるべきです。この関係が成り立たないのは、「バリュエーションに誤りがある」または「大小関係が逆転する特別の事情がある（例えば、対象不動産は正の賃料ギャップが大きい状態にある、空室率が非常に大きい状態にある、など)」という場合のみです。

不動産の場合は規模がまちまちなので、総額での比較は適しません。その場合の比較単位としては専有坪単価が適切です。不動産投資は、言い換えれば「収益を生む床に対する投資」ですので、その収益の源泉たる専有面積での単価比較が素直な考え方です。

■バリュエーションと過去実績の対比

過年度の収支実績が示されないバリュエーションシートを目にすることがあります。こうしたバリュエーションシートからは、過年度の実績に対してバリュエーションがどういったシナリオになっているのか（賃料上昇シナリオなのか、現状維持シナリオなのか、賃料減少を織り込んだ保守的なシナリオなのか、その他収支項目の見立てが実績に比べて高いのか低いのかなど）がわかりません。もちろん過度に工数がかかる（マニアックな）バリュエーションシートは不適切です。しかし、あまりに省略されていると意思決定の誤りを起こしかねません。

Column　収支項目の専有坪単価

専有坪単価は価格比較だけでなく、収支項目の妥当性等を確認するうえでも便利な指標です。各運用会社のバリュエーションシートを見ていると、ときどき、各収支項目の総額のみ記載され、明細が付記されていないものがあります。このシートを読む立場の方は、各査定値の妥当性をどうやって確認しているのか不思議でなりません。

例えば、建物管理費が 3,000 円 / 月・坪であったとすると、入力ミスまたは物件固有の特別な事情のいずれかが推測されます。実額であったとしても、コストカットによるバリューアップを狙う糸口になるかもしれません。しかし、総額だけでは手がかりがつかめません。

第５章

バリュエーションの側面から見た物件取得の流れ

この章では、アセットマネジメント会社における物件情報の入手からクロージングまでの流れの一例を、取得実務におけるバリュエーションから見ていきます。

5-1 物件情報とスクリーニング

物件情報は不動産仲介会社または売主から入手します。この情報をどれだけ早く、かつ優先的に入手できるかが、物件情報ソーシング担当者の腕の見せ所です。同じ物件情報でも、売主から直接入手した場合（直案件）と仲介会社経由で入手した場合とでは、コストが大きく変わります。

■情報入手の経路

不動産仲介会社経由で入手した場合は、情報のやり取りやクロージング等の面でサポートを受けられる反面、仲介手数料が発生します。これは売り買い合わせて最大6%にも及び、売主の売却益を減少させ、または買主の簿価を上昇させて商品化を妨げる要因となります。よって、本来は仲介会社を経由しない直接取引が望まれます。しかし、売主の範囲は広く、そのすべてをカバーすることは現実的には困難であるため、情報ソースとして仲介会社を活用することは欠かせません。

売主から物件情報を直接入手するためには、マーケットでの自社プレゼンスを高め、かつ継続的な営業活動を行うことが必要です。物件供給元はエンドとされる事業会社などと、プロとされるアセットマネジメント会社（の運用するSPC）に大分されます。このうちエンドを遍くカバーすることは事実上不可能です。そして、プロにしても、100社以上のアセットマネジメント会社が存在します。これは比較的カバーしやすいようにも思えます。しかしながら、これらプロが物件を売却する際に、直接情報紹介を受ける関係を構築し、維持することはやはり容易ではありません。その会社に知り合いがいることと、直接情報提供を受けられる関係を構築していることは同義ではないためです。直接取引は仲介手数料の負担を免れるぶん、物件を商品化できる可能性も高まりますが、簡単に実現できるものではありません。

■ 一次資料

物件紹介を受けたときに提供される**一次資料**としては、守秘義務に抵触しない範囲の概要情報がもたらされることが通常です。地図、写真、数量、売り希望価格等の概要情報のほか、テナント名等を非開示とした簡易レントロール、簡単な収支概要が付される場合もあります。

これらの情報を前提として、興味があり（売り希望価格が見合う可能性があり）、より詳細な検討を行いたいとする場合は、守秘義務誓約書（**CA***）を提出し、売主から詳細資料（**DIP***）の開示を受け、バリュエーションを進めることとなります。

Column　多様な○○会

直接売買を実現するため、ソーシング担当者は様々な営業活動を行います。週６回、物件情報元となる相手と会食することをノルマとして課されている、などという話もときどき耳にします（営業日って週何日あったんだっけと思ってしまいましたが、そもそも週５回だとしても相当なものですね……）。

物件の紹介を直接受けるためには、やはり売主となる会社の担当者と親しくなり、気軽に連絡をとってもらえる関係を築くことが有効な方法の一つです。そのため、この業界では様々な会合が開催されています。よくあるところでは、出身大学を共通項とする飲み会や特定の会社の在職歴を共通項とする会（OB会）です。直接のつながりはなくとも、共通項を持つ相手とは親近感が高まります。これをソーシング等の局面で活用しようというものです。OB会のほかにも、いろいろな会合があるようです。例えば○○年生まれの会、○○市在住者の会、○○県出身者の会など、くくれるものはくくってしまえという感じですが、それでも、それをきっかけとしてディールが成立するならば、その開催は大変意義深いものです。

一昔前は、こうした営業で毎日吐くまで飲んでいたという英雄譚（たん）も珍しくありませんでした。世代交代が進んでいる中、今後もこうしたやり方が継承されていくのか大変興味深いところですが、これをやらないのであればどうするのがよいのか、いい対案も浮かびません。ウコンを飲んで、頑張ってテンションを上げて参加する飲み会というのはなかなかしんどいものです（人によるのかもしれませんが）。

＊ **CA**：Confidential Agreement の略。

＊ **DIP**：Deep Information Package の略。

■スクリーニング

買主候補者としての市場での認知が進めば、（少なくとも仲介会社からは）物件情報の持ち込みがなされます。この持ち込み件数は月100件程度には及びますので、そのすべてについて精緻なバリュエーションを実施することはできません。当然に目線が高すぎるものや、投資クライテリア外のものも多く含まれます。そういったもののふるい分け（**スクリーニング**）にかける時間は極力短縮することが適切です。簡易なバリュエーションを行う方法もありますが、「専有坪単価による足切り」が簡便な方法の一つです。

賃料とCAPレートを変数とした専有坪単価（価格÷専有面積）のマトリクスを用いることによって、大まかなスクリーニングを行うことができます。レンタブル比、空室損、各費目の概算値はアセットタイプごとにおおむね推定可能であり、これによって求められる専有坪単価と売り希望価格との乖離を見ることで、検討を進めるに値するか否かのスクリーニングを行うことができます。

オフィスビルを対象とした場合のマトリクスを例示すれば次ページの表のとおりです。

想定される賃料とCAPレートを概算することは容易です。本設定条件を前提とすると、対象物件についてCAPレートが4.0%、市場賃料が20,000円/坪であった場合の専有坪単価は約4,500,000円と求められます。これと売り希望価格との乖離を見ることで、検討に値するかどうかの判断を行うことできます。

例えば、当該物件の売り希望価格が5,000,000円/坪である場合、利回り、賃料のいずれか一方（または双方）を相当強く見なければ当該評価は実現せず、これらの見立てが困難であれば検討に適さないと考えられます。一方、売り希望価格が4,700,000円/坪である場合には、賃料または利回りの見立て次第では射程に入る水準であるため、検討を進める余地があると考えられます。

占有坪単価のマトリクス

賃料(円/坪) ＼ NOI CAPレート	3.50%	3.75%	**4.00%**	4.25%	4.50%
21,000	5,430,000	5,070,000	**4,750,000**	4,470,000	4,220,000
20,500	5,270,000	4,920,000	**4,610,000**	4,340,000	4,100,000
20,000	**5,120,000**	**4,770,000**	**4,480,000**	**4,210,000**	**3,980,000**
19,500	4,960,000	4,630,000	**4,340,000**	4,080,000	3,860,000
19,000	4,800,000	4,480,000	**4,200,000**	3,950,000	3,730,000

収入項目設定

賃料		20,000円/月・専有坪（共益費含む）
Pitch	±	500円/月・専有坪（共益費含む）

収支項目設定

ダウンタイム	6か月
平均入居期間	10年
PM	2.0%×有効総収入
維持管理費	1,200円/月・専有坪
水道光熱費	400円/月・専有坪
修繕費	400円/月・専有坪
公租公課	1,500円/月・専有坪
保険料	30円/月・専有坪
リーシングフィー	1か月
予備費	0.30%×有効総収入

CAPレート設定

CAPレート		4.00%
Pitch	±	0.25%

5-2 CA

■ CA 提出のプロセス

通常、**CA** は担当者が行ったスクリーニングの結果を受け、部長決裁など比較的低い決裁権限のもとに発行されます。

■ CA の様式

CA は、情報開示を受ける買主が、情報提供者としての売主に対して守秘義務を負担するものです。よって、売主が満足する内容を満たす必要があるため、売主様式が用いられることが通常です。ただし、売主においてこだわりが強くない場合には、買主の様式が用いられることもあります。なお、CA には買主による差し入れ形式と、買主・売主双方が捺印する形式のものとがあります。前者は検討者としての買主のみが守秘義務を負担するものであり、その分調整事項は少なく、早期に調整が整うことが期待できます。ただし、売主が買主に対して義務を負担しないこと（買主が当該物件を検討している事実を含む）には留意する必要があります（それを売主が負担する守秘義務の対象としたい場合には、相互捺印形式への変更が必要です）。

■ CA と仲介会社

CA の取り交わし時に忘れがちなのが、仲介会社の**守秘義務**です。物件紹介の現場では、仲介会社が詳細情報を入手するのは、買主（検討者）の CA を取得した場合が多く、売主と仲介会社との間では CA が取り交わされていないことも少なくありません。売主としての立場に立つときに、買主の CA のみに気をとられ、仲介会社からの CA 取得を失念してしまっている事案も多く認められます。

■検討スピード

CAの提出は詳細資料を入手するためであり、詳細資料の入手は（価格が見合った場合に）LOIを交換し、優先交渉権を取得するためです。買主においては、他社に先立ち検討を進め、他社の検討が進まないうちにLOIを交換することが望まれます。よって本来、LOIまでの期間は短いに越したことはありません。良好な物件の取得には競争が生じるためです。しかしながら実態としては、CAの調整で１週間以上の期間をかけてしまっている事案も少なからず認められます。

法務やコンプラ等の確認プロセスが必要とされることによるものですが、ここに時間をかけすぎて競争に負けるのはつまらないことです。こうしたプロセスが最適化されるよう、マネジメント層は注意を払う必要があります。自らやっていないとまたは自らやったことがことがないとロスに気付きません。そんなつまらない理由で競争力が落ちてしまっている事案は多く目にします。

Column　工数の最適化

バリュエーションや取得の実務においては、これに伴う様々な作業が発生します。この作業は検査対応や決裁者のこだわりなどで追加はされど、プロセス軽減のための見直しはほとんど行われません。結果として、取得業務にかかる工数は増加し、担当者や担当部門のリソースを枯渇させていきます。

工数が多いアセットマネジメント会社と、そうでない会社とではどちらが競争力をもつでしょうか。当然に無駄にリソースが消費されない体制をとっている先です。浮いたリソースを他物件の検討に充てることもできますし、ソーシングに費やすこともできます。

もちろん、特定の工程を求めるようになったのには、相当の経緯もあるはずです。その点では、必要なプロセス漏れないようにする点で、ある程度の工数が求められるのはやむをえません。然しながら、やはりこれにも程度問題があります。手当すべきリスクには重いものもあれば軽いものもあります。そしてリスクの重要性が高くない割には、その手当に多大な工数を要するものもあります。すべてのリスクを排除しようとするには、大きなリソースがかかり、結果として組織が機動力を失い、担当者の目がどんどん澱(よど)んでいってしまうのは当たり前のことです。

一切のリスク負担を回避する体制をとるという選択ももちろんあり得ることです。ただしその場合には、プロセスの履行のために多大なリソースが必要となり、組織が鈍重なものになることを覚悟しておく必要があります。反対に、プロセスの極めて軽いやりかたをとることもできます。その場合には、しかるべき検討や証跡化が不十分になる可能性があり、リスク負担は大きくなっていることを認識するべきです。

結局は、この管理体制の決定は、リスク管理に対するリソース配分の問題です。決められたルールは自然に最適化されるものではありません。積極的に点検することが必要です。当然にアセットマネジメント会社は、どういった配分が自社にとっての最適化であるかを検討し、決定しなければいけません。「この管理プロセス、趣旨は分かるけど工数のこと全然考えてないよね」であるとか、「ここまで詳細確認するのはいったい誰の得になるんだろう」と思うことはよくよくあります。リソース配分を適切に行うこと（そのための適切な仕組みを作ること）はマネジメントの責任です。

5-3 DIPの解析

■DIPの内容

DIPの内容は、売主がプロであるか否か、仲介会社が物件売却に深く関与できているか否かによりまちまちです。すなわち、プロの売主はDIPの準備を慎重に行います。情報開示がLOI交換後となり価格調整要素が生じないよう、また、QAが重なり工数が無用に増加しないよう、通常、LOIを出すのに必要十分な資料パッケージを整えます。売主がプロでなかったとしても、能力の高い仲介会社が売却に深く関与できている場合には、同様の観点から資料整備を行い、検討に足りる情報パッケージを準備します。一方で、仲介会社が売主をコントロールできていない場合には、買主は大変困ったことになります。資料の出は悪く、または散発的で、QAの回答もろくに返ってきません。売主が誰か（プロか、プロでないか）、仲介会社がうまく関与できているか否かによって、あらかじめそれなりの覚悟をしておくべきです。情報提供がうまく進まないケースでは、物件の検討に倍以上のリソースがかかることもあります。

■情報の整理

売主から開示を受ける情報は、前記のとおりある程度秩序正しくパッケージ化されているものもあれば、五月雨式のものもあります。いずれにしても、受領した資料については、以下の理由により、バリュエーション時にファイリングならびにファイリングリストの作成を進めることが望まれます。

①資料の検索性

バリュエーションは、様々な資料から情報を取り出し、キャッシュフローとCAPレートを組み立てるものです。よって、提供を受けた資料の所在が担当者にしかわからないとすれば、レビューやダブルチェックの障害となります。第三者が見落とし等の有無を確認しようとしたときに、資料を探すだけで時間と手間がかかってしまうことは望ましくありません。

②バリュエーションの深度

バリュエーションの深度は、受領できている資料の量（網羅性）に依存します。資料の出が悪いなどの事情により、精度が低い状態であっても価格をつけなければならないということも、実務ではときどき生じます。そんなとき、受領資料がファイリングされており、その入手状況に関するリストが整備されていれば、「必要十分な資料に基づいたバリュエーションであるか否か」、「どういった情報が不足している中でのバリュエーションなのか」をレビューワーがあらかじめ確認することができます。

③価格調整

「売主がいつ、どの段階で資料開示を行ったか」という点は、事後的に問題になることもあります。すなわち、LOI交換後に提供された情報については価格調整の対象となるため、この区別が容易につくことが望まれます。

ファイリングリストの例を次ページの表に示します。備考欄に注記しておくことで、情報整理が楽になります。

▼ファイリングリストの例

資料一覧

物件名：●●　　latest:　2022/3/30

No.	項目	確認欄		ファイル名	日付	備考
01	謄本	あり	土地	土地謄本（781-7）	2021/12/21	323.62㎡
		あり		土地謄本（781-9）	2021/12/21	3.23㎡
		あり	建物	建物謄本（781-7）	2021/12/21	
		あり		滅失登記未了建物が存しないことの証憑	2022/2/8	土地からの建物登記検索画面
02	地図・写真	あり		住宅地図	2018/00/00	
03	公図・建物図面	あり		公図	0000/00/00	
04	地積測量図	あり		確定実測図	2018/5/25	326.93㎡
		あり		用途境求積図・求積表	2018/7/2	
05	公租公課	あり		課税決定通知書（令和3年度）	2020/2/10	
		あり		課税明細書（令和3年度）	2021/6/1	781-9は公衆用道路として非課税のため、課税明細書には記載されない（非課税の旨の証憑は別途名寄帳取得必要）
06	レントロール	あり		マンスリーレポート		Inc 09
07	賃貸借契約書			以下参照		
08	管理関係契約書	あり		PM業務委託契約書	2019/3/28	⇔●●株式会社
		あり		（PM業務委託）個人情報の取扱いに関する覚書	2019/3/28	
09	PMR	あり		マンスリーレポート		2021.01～2022.01
10	修繕関係資料	該当なし				
11	竣工図等設計図書	あり		竣工図	2018/8/9	PDFファイル名は竣工図であるが、事実関係は不詳
		あり		自転車・バイク配置図	NA	
		あり		仕様書	NA	
		あり		イメージパース	NA	
12	建築確認関係資料	あり		建築確認申請書	2018/8/1	申請敷地：318.34㎡
		あり		確認済証（建築物）	2018/8/1	
		あり		建築計画概要書	2018/8/1	
		あり		中間検査合格証	2018/11/13	
		あり		検査済証（建築物）	2019/3/7	
		あり		設計図からの変更事項	2019/2/15	
13	その他許可証等	あり		消防用検査結果通知書	2019/3/12	消火器、自火報、誘導灯
		あり		防火対象物使用開始届出書	2019/1/31	
		あり		（省エネ法）届出書	2018/7/18	
14	DDR	あり		地歴調査報告書	2018/8/00	株式会社●●作成
		あり		土壌汚染調査関連資料	NA	下水道法・環境条例等リスト、過去地図、公図・隣地謄本
15	境界確認・越境覚書	あり	境界	土地境界図（官民）	1983/00/00	
		あり		土地境界確認書（⇔779-34）	2018/2/25	第三者承継文言あり
		あり		筆界確認書（⇔779-18）	2018/4/4	第三者承継文言あり
		あり		筆界確認書（⇔779-26）	2018/4/11	第三者承継文言あり
		あり		筆界確認書（⇔779-33）	2018/4/10	第三者承継文言あり
		あり		筆界確認書（⇹779-39）	2018/4/14	第三者承継文言あり
		あり		筆界確認書（⇔781-1、-29）	2018/4/13	第三者承継文言あり
		あり		筆界確認書（⇔781-14）	2018/5/16	第三者承継文言あり
		あり		筆界確認書（⇔781-15）	2018/5/23	第三者承継文言あり
		あり	越境	越境説明図	2018/6/28	●●測量設計事務所作成
		あり		（越境）覚書（⇔779-33l	2018/8/6	被越境：ブロック塀の一部
16	法定点検関係資料	あり		消防用設備等点検報告書（総合）	2021/7/7	指摘事項なし
		あり		消防用設備等点検報告書（機器）	2022/1/28	指摘事項なし
17	借地契約書	該当なし				
18	管理規約・総会議事録	該当なし				
19	重要事項説明書	あり		重要事項説明書	2019/2/00	売主取得時のもの
20	その他	あり		（ML賃料）査定書	2022/2/17	株式会社●●作成
		あり		当初一棟分譲時売却資料	0000/00/00	株式会社●●作成
		あり		アフターサービス基準書	2018/8/10	●●株式会社
		あり		狭あい道路拡幅整備事前協議済通知書	2018/2/26	SBあり/区管理
		あり		賃貸募集資料	2022/1/21	
		あり		J:COMサービス提供に関する申込書	2019/3/28	
		あり		インターネットマンションシステムサービス提供に関する契約書	2018/11/21	⇔株式会社●●
		あり		工事請負契約書	2018/8/10	●●株式会社⇔●●株式会社
		あり		（道路台帳）現況平面図	2019/2/1	

もちろん、ファイリングにも相当のリソースが必要ですので、取得できる確度の低い案件についてどの程度まで行うべきか、という問題はあります。

■各資料の反映

DIP として受領する資料は、おおむね次表のようにバリュエーションに反映します。

▼DIPの資料項目とバリュエーションへの利用

資料項目	バリュエーション上の反映	注意点等
土地謄本	課税数量との照合	建築確認数量との照合 確認申請時以降の分筆の有無（地積減少の有無） 公有地拡大に関する法律・国土法に関する手続きの要否
建物謄本		建物の敷地となっている土地が対象地以外の土地を含まないか
土地上の建物検索*		対象建物以外の建物（抹消登記未了建物）がないか
公図		境界を接する官有地および民有地を確認
地番図*		境界を接する官有地および民有地を確認
地積測量図	数量の確認	残地求積の場合には、実測数量と相違がある場合があるため、注意が必要
建物図面		土地上の建物配置を確認。現地との照合により、未登記建物の有無が確認できる
レントロール	契約数量の確認 賃料査定	NRA チェックが必要
PM レポート	実績値に基づく収支項目の査定	支払明細により、各収支項目に計上されている具体的収入および費用の確認が必要 不具合事項の認識 リーシング経緯等の認識による将来予測
公租公課資料	公租公課査定	土地特例による減免、負担調整率、新築住宅の特例適用等に注意
プロパティマネジメント業務委託契約	PM フィー査定 維持管理費査定	建物管理業務明細を含む場合には、スポット費用となっているものの有無を確認

（次ページに続く）

＊**土地上の建物検索**：登記情報サービス等により、対象土地上の建物登記を検索する方法。

＊**地番図**：地方公共団体の課税部門（資産税課等）に備えられており、公図と比して大きい縮尺で土地の隣接状況を確認できる図面。取り扱いは地方公共団体により異なるが、写しの交付を受けることが可能な場合もある。地番の隣接状況がわかりづらい場合等に有益となる。地籍図と呼ばれることもある。

資料項目	バリュエーション上の反映	注意点等
その他管理関係契約書等	維持管理費査定	
法定点検資料	修繕費・資本的支出の査定	簡単な取り換えや修繕で治癒できない是正項目*がある点に留意 特定建築物定期調査報告における外壁点検は比較的大きな修繕更新費用を生ぜしめる
修繕履歴		経過観察となっている事項（漏水等）の有無 大規模設備の更新の有無は資本的支出額に与える影響が大きい
建築確認資料		建物遵法性 確認申請敷地数量と実測数量との異同に注意
境界確認資料・越境覚書		（必要に応じて）売主対応事項として整理
その他許可証	その他費用として、屋外広告物許可手数料や道路占用料などを計上	
借地契約・（区分所有の場合の）管理規約・総会議事録・共有者間協定	（かかる権利関係に該当する場合に）地代や管理組合費等を計上	
賃貸借契約書・覚書	賃料査定 付帯収入の査定	特約の有無およびその内容 反社チェック
法人番号検索サイト*による法人登記の確認		目的外使用（レジデンスにおける法人登記の有無など）の確認
（売主取得時の）物件概要書		売買上の特記事項の事前把握
保険資料	保険料の査定	
竣工図	NRA の確認 駐車場賃貸可能台数の確認	
（売主取得時の）各種デュー・ディリジェンスレポート	修繕費・資本的支出の査定	売買上の特記事項の事前把握
リーシング資料	賃料査定	設備仕様等を確認

＊**…できない是正項目**：テナント専有部内であり、テナントの協力が得られなければ治癒できない指摘事項や、避難経路に関する指摘で、賃貸借契約の変更を要する指摘など。

＊**法人番号検索サイト**：住居表示での検索により、当該住所において登記されている法人を確認できる。https://www.houjin-bangou.nta.go.jp/

5-4 QA

DIP において不足する資料や資料に現れない事実（例えば、隣接地からのクレームやテナントからの賃料減額要請の有無などは必ずしも PM レポートに記載されるとは限りません）に関する確認事項などは、**QA** により売主に照会します。なお、買主はこの QA において、将来のドキュメンテーションに備えて言質をとる Q を含めておくこともできます。売主としては、Q に対する回答は要するものの、こうした言質までとられてしまわないための意識的な回答に努めるべきです。例えば、買主は LOI 提示前に（バリュエーションに直接関係しなくとも）「テナントや近隣との間で紛争等が生じており、またはその発生のおそれがあればご教示ください」と聞いておくべきですし、売主は「該当がない」ことを回答するにしても、少なくとも「売主の知る限り」といった主観の留保は付しておくべきです。

Column　証拠資料としての QA

売買に関する訴訟において、証拠資料としてはメールや提供資料に関する情報などが証拠資料として用いられます。当然に QA における回答もその対象となりますし、さらには ,PSA ドラフト版に付されたコメントや修正履歴も同じくです。

QA は押印書類ではありません。そしてそのやりとりは売買等の局面では多く発生します。よって素直な（ある意味では無防備な）回答をしてしまいがちです。しかし、その回答は、将来の紛争に影響する証拠資料として用いられるおそれがあります。よって、回答者の立場では、回答が意図せぬ形で利用されるおそれがあることは、念頭においておくべきです。

訴訟の場では、そんな意味の回答じゃなかったんだけどなというものも、曲解され、相手方の主張に利用されます。質疑について事実の回答にとどめる、誤解の余地をなくす、そういった意識をもっておくに越したことはありません。

5-5 LOI ミーティング

バリュエーションが相当の深度に至り、かつ売主との価格合意が期待できる場合、LOI 提出に先立って、LOI 提示価格に関する会議体が開催されます。LOI は法的拘束力を持たないものという建て付けになっています。とはいえ、容易に意思表示を覆すようであれば、売主や仲介会社との信頼関係を損ね、さらには市場からの信頼も失うこととなります。すなわち、LOI の提出はこうしたレピュテーション上のリスクを負担することにほかなりません。よって、各社における LOI 提出の決裁権限は、CA 提出より高いレベル（アセットマネジメント事業会社であれば社長決裁等）に定められています。

5-6 デュー・ディリジェンス

LOI の交換後は外部コストを投下し、**デュー・ディリジェンス**を進めます。あとに控える PSA 締結のための意思決定機関付議のための調査であり、主にはエンジニアリング・レポートの取得や鑑定評価書の取得などがこれに当たります。当該調査で明らかになった事項については個別にバリュエーションを修正し、または売主との間で負担区分を調整することになります。具体的には、査定された中長期修繕更新費用をバリュエーションに反映し、確定された土地建物比率に基づき減価償却費を再計算し、遵法性指摘事項の是正の負担区分を調整します（原則として売主負担となります）。

Column　処分事例とバリュエーション③（違法建築物の取得）

「投資法人の運用資産に組み入れる不動産の取得時などに、本来行うべき審査等の業務を適切に行っていなかった」（2006年7月21日付処分事例）の具体的理由の一つとして、「違法建築物件の取得」が示されています。これは、リリースによると次のような内容です。

「倉庫として建築確認を受けた部分を事務所に改造して、未使用部分を含め増床のうえ、用途外で使用していたため容積率を超過している物件について、十分な審査を行わないまま投資法人の資産として取得していた」

まず、「違法性を解消して流動性を回復したうえで売却する」といったシナリオならば、処分対象とはならないと考えられます。おそらく本件は、資産運用ガイドライン等で「違法性を満たした物件を取得すること（違法性が治癒できる場合にはこの限りではない）」などとしていたところ、その目途を立てず、また治癒コストを見積もらないまま（またはその事実に気づかないまま）取得に至ったものと推測されます。文面を見るに、第三者の権利が付着しているため、治癒の困難性は高い事案です。しかしながらその実現性を確保し、また、治癒コストをバリュエーション（および運用計画）に織り込んでいたならば、処分対象にはならなかったものと考えられます。

この事例から得られる教訓は、以下のことがあった場合、処分を受けるおそれがあるということです。

- 違法性違反の見落とし（適切なデュー・ディリジェンスで回避できます）
- 運用ガイドライン等規程違反（規程類を理解することで回避できます）
- 違法性治癒の計画不備（売買前の売主・テナント調整と適切なバリュエーションで回避できます）

5-7 ファイナンス調達、スキーム関係者の調整

　デュー・ディリジェンスと並行して、ファイナンスの調達やスキーム関係者とのドキュメント調整等を進めます。その中でバリュエーションに関係する主な業務は、レンダーの選定です。レンダー選定においては、候補者に対して、物件資料やデュー・ディリジェンス結果を開示し、バリュエーションを示し、ローン条件の提示を受けます。そして、最も有利となる条件を提示したレンダーを選定し、個別にローン条件の調整を行います。レンダーによっては、ボロワーのバリュエーションを超える金額での査定は行わないという（保守的な）ポリシーを持つ先もいるため、レンダーに提示するバリュエーションは少し膨らませておくというやり方もあるようです。

5-8 投資委員会

　デュー・ディリジェンスの結果や各スキーム関係者との調整を終えたのち、物件取得および資金調達等に関する会議体（投資委員会等）に付議し、意思決定を行います。
　専業アセットマネジメント会社における投資委員は、主に社内の責任者（投資部長、社長など）と、外部委員（社外の不動産鑑定士や弁護士など）から構成されます。ここでの審議は決議結果に加えて議事録により証跡化されます。この議事録はどのような審議を経たかの確認に用いられますので、その作成には注意が必要です。作り方が悪く、または、特にディールへの理解が低い外部委員の発言がなく、結果として、スカスカの議事録になってしまっているケースも少なくありません。適切な審議が行われたとは認められないというつまらない指摘を受ける例もあります。

Column　入札②

入札では、勝ったら勝ったで「やり過ぎたんじゃないだろうか（次順位と比べて突き抜けちゃったんじゃないか）…」と不安になります。

そして、負けたら負けたで、「(落札した先に対して）どんなバリュエーションしてるんだ！　マーケット壊しやがって！」なんて不満を持ったりします。いずれにせよあまり健全な思考にはなりません。

経験上最大の札を入れたのは、九段のオフィスビルを対象とする入札で、その金額は8,000億円でした。

そんな物件あったっけ？　と思われるかもしれません。

もちろんありません（0を一つ多く書いちゃうことってありますよね？)。

さすがに売主からも書き間違いだよねという照会が入り、出し直しました。

その金額で無理やり売りつけようとするえげつない売主でなくてよかったですが、当然上席は激おこでした。

Column　処分事例とバリュエーション④（負担区分）

「当社の親会社等の利害関係を有する者からの物件を取得するに際し、1物件について、当社が定めるアスベストを使用している物件の取得にかかる投資方針等の基準を満たすための対応を怠り、投資法人に不要な費用の支出をさせた」(2008年12月5日付処分事例)

詳細は不明ですが、「アスベスト除去工事費がバリュエーション上織り込まれていなかった」または「アスベスト除去工事費が売買精算の対象とされていなかった」ということだと推測されます。その場合、当該工事費は取得価格とは別に買主負担となります。よって、少なくともバリュエーションに比して過大な価格での取得といえます。さらに、特に利害関係者間取引であったことも処分の一因となっているように読み取れます(利害関係者である売主に押し付けられたような外観が形成されるため)。

実務上、費用の負担区分は悩ましいことが多いのが実情です。第三者間取引であれば、交渉の結果としてさほど問題とならないことも、特に利害関係者間取引では、本来いずれが負担すべきかということを軸として判断していかなければなりません。この点の検証が適切に行えていれば、こうした処分は回避できたかもしれません。

第６章

鑑定評価書の確認

不動産証券化ビジネスにおいては、取得時や期中運用時において鑑定評価書の取得が常に生じます。ここで、鑑定評価書は投資主やレンダーに対して時価情報を示す目的で取得されます。そしてその正誤に関する確認義務は、一般的にはアセットマネージャーが負うものとされています。もちろん、鑑定評価書の内容についての責任は不動産鑑定士（業者）に帰属し、そうした専門家による成果物について、依頼者が確認責任を負うとすることには違和感があるかもしれません。しかしながら当局においては、投資主に対する善管注意義務の範囲内の業務だと整理されているようです。もちろん、適切な情報提供なくして適正な鑑定評価書は作成できませんし、資料のみを見るだけでは誤認が生じるおそれもあります。さらに、上場リートなど鑑定評価書自体が開示対象とならないこともあるので、そのプロセスの妥当性確認をアセットマネージャーの責任範囲ととらえることは妥当だとも考えられます。

6-1 鑑定評価に関する注意点

鑑定評価書の取得は、これまでの金融庁処分事例を見ても、指摘事項となるケースが多い分野です。これは、スキーム上、鑑定評価額の大小が取引に一定の制約を与える（例えば、取得価格を鑑定評価額以下とする取得ルールの設定など）一方で、その取得過程から依頼者の思惑を排除しきれない点や、価格情報である鑑定評価額の位置づけについて認識が緩い点などが背景にあります。そして、手続きとしての鑑定評価書の取得は、本来踏むべきプロセスを経なくとも行えてしまいます。例えば、本来提供が必要な資料や情報（売主・買主間の負担区分など必ずしも資料となっていない情報もあります）が提供されていなくても、鑑定評価書は完成してしまいます。こうして完成した鑑定評価は、その要因が反映されず、当該取引に照らしてみれば、不備のある成果物となってしまいます。もちろん受託業者側は、細心の注意をもって業務に当たります。しかしながら、やはり物件や取引の全容は把握できず、あくまで発注者側から交付される情報に依存せざるを得ません。その点で、発注者側は、少なくとも「適切な情報を提供する義務」を負担しているのです。この関係に対する無理解が取得手続きに瑕疵を生ぜしめ、結果的に処分事例が多く生んでしまっています。よって、アセットマネージャーの立場においては、鑑定評価書の取得プロセスを「運用会社として特に注意を払うべき業務の１つ」だと認識することが必要です。

6-2　鑑定評価書の取得プロセス

鑑定評価書の取得は、目線確認があり（これが適切かどうかはともかく）、発注手続きがあり、資料提供があり、ドラフト提示があり、ドラフト確認を経て成果物の提供を受けます。これらの各プロセスについて内容と注意点を以下に示します。

①目線確認

詳しくは言及しませんが、鑑定評価額のコントロールと見なせるような方法をとることは厳禁です。鑑定評価額を意図的に引き上げるまたは引き下げる行為は、相当に悪質と判断され、これに関する処分を受けるとレピュテーションに極めて大きな影響を与えます。

Column　処分事例と鑑定評価①（鑑定業者選定プロセス）

不動産鑑定評価の取得にあたり、「利害関係者からの取得となる不動産の鑑定評価を依頼する際に、利益相反防止の観点から問題となる」とされた 2008 年９月５日付処分事例では、次のとおり処分の対象となった事実が示されています。

・売主の希望価格と同額以上で概算評価額の算定を行うよう依頼する行為等の不動産鑑定業者の独立性を損なう不適切な働きかけ

複数の業者に売却希望価格を提示して概算評価を依頼し、希望価格以上の価格が提示されない場合には、当該以上またはそれに近似する価格が提示されるまで、不動産鑑定業者を追加して概算評価額の算定を依頼する不適切な不動産鑑定業者選定プロセス等を行っていた。

類似の処分は、2022年7月15日付処分事例にも見られます。

・不動産鑑定業者の独立性を損なう不適切な働きかけ

当社は、親会社の利害関係者が保有する不動産を本投資法人に取得させる際には、第三者である不動産鑑定業者に対して、取得させようとする不動産の鑑定評価を依頼し、算定された鑑定評価額を上限として当該不動産の取得価格を決定している。しかしながら、当社は、不動産鑑定業者から提示された鑑定評価額にかかる中間報告または概算額が親会社の売却希望価格に満たなかった3物件の不動産について、親会社の売却希望価格を優先し、親会社の売却希望価格を伝達するなどしたうえで、鑑定評価額が当該売却希望価格を上回るものとなるよう、算定を依頼した不動産鑑定業者に対し、鑑定評価額を引き上げるための働きかけを行っていた。こうした行為は、不動産鑑定業者の独立性を損なう不適切な働きかけであると認められる。

・不適切な不動産鑑定業者選定プロセス

当社は、親会社からの取得となる複数物件の不動産鑑定評価を依頼する際、親会社の売却希望価格を上回る鑑定評価額を得ることを企図して、複数の不動産鑑定業者から不動産鑑定評価にかかる概算額を聴取し、そのうち最も高い概算額を提示した不動産鑑定業者（以下「当該不動産鑑定業者」という）の鑑定報酬額が、概算額を聴取した他の不動産鑑定業者と比して最も廉価になるよう、当該不動産鑑定業者と交渉していた。さらに、当社は、当該不動産鑑定業者による概算額が最も高かったことを伏せたうえで、当該不動産鑑定業者の鑑定報酬額が最も廉価であることを理由に、当該不動産鑑定業者を鑑定評価の依頼先として選定していた、これは、親会社の売却希望価格で本投資法人に取得させることを最優先とした不適切な不動産鑑定業者選定プロセスであると認められる。

売買において、一定の目論見に基づき、一連のプロセスの形を整えていくことは避けられません。その点で、鑑定業者との間で、事前に一定のやりとりを行うこと自体を不当と考えるのは過剰でしょう。しかしながら、どんなやり方も許されるとすれば、やはり鑑定評価に求める機能（フェアバリューとしての鑑定評価を基準とする機能）が果たされなくなってしまいます。

鑑定評価の発注は一担当者が行う業務です。それにも関わらず、これにかかる処分は組織に極めて大きな影響を与えます。担当者が過度に頑張り過ぎないようにすることも、組織として注意を払うべき点です。

②発注手続き

特に投資法人スキームでは、選定理由が明確かどうかが重要視されます。コンサルティング会社により行われる模擬検査などにおいて、「なぜこの鑑定業者を選定したのか」、「なぜ大手３社でないのか」、「なぜ偏りがあるのか」などの照会も多くなされています。また、監査上も同様の確認が（厳しめに）なされることがあります*。これは、価格コントロールが働いていないことを明らかにする趣旨で行われているものと推測されますが、何かしらの回答は準備しておくべきです。例えば、「複数社に照会したものの、ディールのスケジュールに応じられるのが同社だけであった」などの説明が付されることがあります。

③資料提供

資料については、送付した資料を送付日ごとにフォルダに保存し、事後検証可能とする手当がとられることが多いように思われます。これは「必要な資料を適切に提供していた」ことの証跡化の手当です。

依頼者と鑑定会社との間には情報の非対称性があります。よって、資料や情報を網羅的に把握できていない鑑定会社の立場からは、依頼者側から提供を受けられなかった情報は（一部は推測で照会できるにしても）把握できません（例えば、テナントとの間で新たに賃貸借契約変更覚書が締結されていたとしても、知るすべはありません）。よって、この点は依頼者側の義務であるとの認識をしっかりと持つ必要があります。

＊…**ことがあります**：日本公認会計士協会監査基準委員会報告書620「専門家の業務の利用」８項（監査人は、監査人の利用する専門家が、監査人の目的に照らして必要な適性、能力および客観性を備えているかどうかを評価しなければならない）を根拠として、行われているものと考えられる。

「価格形成に影響のある資料を提供しなかった」として処分を受けた事例もあるので、鑑定会社から照会を受けた事項に限らず、積極的な情報開示に努めるスタンスをとることが適切です。なお、少なくとも価格時点までの情報（テナント入退去に関する情報を含むがこれに限られない）は提供すべきであり、極力は発行時までに更新された情報（価格時点以降のものであっても）の提供に努めるべきです。特に物件取得時には、発注者は売主から情報提供を受ける立場でもあり、これを同じく鑑定会社に提供する必要があるとすれば、その手続きは煩雑で漏れも生じがちです。しかしながら、これを勝手にカットオフしてしまうと、（意図的かどうかはともかくとして）情報提供を怠ったとして処分の対象になりかねません。

Column　物件概要書の提供

鑑定会社に対する資料提供は、売買時の買主に対するそれと同じく、網羅的に行うよう努めるべきです。取得した鑑定評価書に瑕疵があった場合、一義的にはアセットマネジメント会社の責任と取り扱われるためです。

この情報提供において有益な方法の１つは、物件概要書を資料として交付することです。物件概要書は契約書面の１つとして認識されるためか、物件資料として開示されることは多くありません。しかしながら、当該書面はそもそも売主の表明保証責任のカーブアウトや、仲介会社の説明責任を目的として、細心の注意をもって作成されます。よってバリューファクターの見落としの確認等においても非常に有益な資料の１つとなります。よってこれら情報を（ドラフト段階のものであっても）鑑定会社に開示しておくことで、情報共有漏れや見落としが生じることを防ぐことができます。鑑定会社側においても、請求資料の１つとして物件概要書の開示を求めることは有益でしょう。特にアセットマネジメント会社側にこれを拒む理由はありません。なお、ある種の模擬検査において、鑑定会社に対する価格情報の開示は不適切との指摘がなされることがあります。宅建業様式の物件概要書には価格情報の記載欄がありますので、かかる指摘をご宣託として取り扱う場合には、価格情報欄に注意すべきです（この指摘については、いろいろ思うところはありますが）。

Column　処分事例と鑑定評価②（不十分な鑑定評価による取得）

「投資法人の運用資産に組み入れる不動産の取得時などに、本来行うべき審査等の業務を適切に行っていなかった」（2006年7月21日付処分事例）の具体的理由の一つとして、「不十分な鑑定評価による取得」が示されています。これはリリースによると次のような内容です。

> 売主から入手した古いエンジニアリング・レポートや暫定版として作成されたエンジニアリング・レポートを提出したまま鑑定評価額の算出を依頼し、その鑑定評価額を基にした価格によって投資法人の資産として取得していた。

買主の取得したファイナル版のエンジニアリング・レポートを提供しないまま、鑑定評価をファイナル化させてしまった事例です。現在では鑑定評価基準が改正され、鑑定会社においても鑑定評価書発行にあたって、エンジニアリング・レポートがファイナル版であるか否かを確認することとなっており、発生可能性は低下していると考えられます。しかしながら、エンジニアリング・レポートをファイナル化したのちに何かしらの事象が発見され、エンジニアリング・レポートが修正されるようなことも考えられ、その場合に当該レポートの鑑定会社への提供が漏れてしまうことは考えられます。鑑定評価書はエンジニアリング・レポートにより影響を受けるものであること、鑑定評価書が取得の「基」になる資料として取り扱われていることを十分に認識する必要があります。

④ドラフト提示

一定の資料開示を終えたのちに、鑑定会社からドラフトが提示されます。このドラフトが提示されたのちには、鑑定評価上の誤りがあった場合や、資料提供の不足（または後発事象の発生）による更新等を除けば、鑑定評価額やこれを導くための査定値に変更が生じた場合に相当の理由が必要とされます。「意図的に価格調整が行われたのではないか」という疑義が生じるためです。余分な記録が残らないように、これが生じた際には事後的に変更理由を十分に説明できるように、備えておくことが必要です。

Column　処分事例と鑑定評価③（鑑定評価に係る資料提供・確認の不備）

「不動産の取得時に行うべき資産の評価手続き等の際に、鑑定を依頼した不動産鑑定業者に対し適切な資料を提示しなっただけでなく、適切な資料を提示しなかったことによって算定された鑑定評価の内容を確認しなかったことなどから、誤った鑑定評価内容が看過され、結果として過大に算定された**鑑定評価額を基に**投資法人の資産の取得を行うなどしていた」（2007年3月13日付処分事例）の具体的理由は、リリースによると次のとおりです。

・収入とすることができない敷金償却収入などの計上

投資法人の資産として取得を予定していた物件の前所有者がすでに収受していた敷金償却収入（入居テナントから預託を受けた敷金のうち返還不要のもの）や投資法人の収入とならない自動販売機の設置料収入について、投資法人が物件を取得したのちに当該収入があるかのように誤認させる情報を不動産鑑定業者に提示し、当該収入があるものとして見積もられた鑑定評価書のチェックを行わなかったことから、当該鑑定評価書において算定された鑑定評価額によって投資法人の資産として物件を取得していた。

・過大収入および過少費用の計上

投資法人の資産として取得を予定していた物件において投資法人が収受することとなる水道光熱費や投資法人が支出することとなる建物維持管理費等について、当社が最新のデータを不動産鑑定業者に提示することを失念したことから、価格時点において算出されるべき数値と乖離した古い時点の実績値に基づいた数値によって計算され、当該鑑定評価書において算定された鑑定評価額によって投資法人の資産として物件を取得していた。また、投資法人の資産として取得を予定した物件において、取得の前後において袖看板の設置個所が減少することとなるにもかかわらず、当該事実を不動産鑑定業者に告げなかったことから、当該事実が反映されないまま当該物件の鑑定評価が行われ、当該鑑定評価書において算定された鑑定評価額によって投資法人の資産として物件を取得していた。

・**フリーレントを反映しない収入の過大計上**

投資法人の資産として取得を予定していた物件において入居テナントとの間でフリーレント期間（物件所有者が入居テナントに付与する無賃料期間）がある旨を定めていたにもかかわらず、当社が当該事実を不動産鑑定業者に告げなかったことから、当該事実が反映されないまま当該物件の鑑定評価が行われ、当該鑑定評価書において算定された鑑定評価額によって投資法人の資産として物件を取得していた。

これらはいずれもウッとくる内容です。注意すれば防げそうですが、そのためには相当に気をつけなければなりません。PMレポートなど更新情報の提供漏れはあり得ますし、特に看板の件など、おそらくは遵法性治癒のため売買直前に行われたものと推測されるので、「これがなくなったら鑑定評価に影響があるな」という意識がなければ、伝達できません。

しかし、ここで明らかに示されているのは、（おそらくは運用ガイドラインなどの定めもあってのことと思いますが）「鑑定評価は取得価格の基となるものとされている」ことと、「投資家との関係において適切な鑑定評価を取得する義務を依頼者が負担している」ことです。手元にある資料を送っておけば、とりあえず鑑定評価書は完成できます（不十分な情報に基づくものであっても）。これによっても、鑑定評価書を取得するという要件は、形式的には満たすことはできます。しかし、処分を回避する観点からは、それにとどまらず、「適切な鑑定評価を取得する積極的な義務を負担している」と認識することが必要です。

⑤ドラフト確認

ドラフトを受領したのちには、当該ドラフトにつき確認を行います。この確認は「形式的な確認」、「採用資料の確認」、「ロジックの確認」、「計算の確認」、「自社バリュエーションとの乖離の確認」に分類されます。

- **形式的な確認**

記載事項や価格形成要因の分析、費用収益の項目立てなどが、不動産鑑定評価基準に準拠したものであるか否かの確認を行います。これには、不動産鑑定評価業務についてある程度理解している必要があります。

- **採用資料の確認**

提供した資料が評価に反映されているかどうかを確認します。例えば、地役権の付着が評価書内に記載されているか（記載されていないと見落としの可能性があり、結果として鑑定評価額が誤っているのではないかとの疑義が生じます）、特定の収益が収支上きちんと計上されているか、などを確認します。収支項目の計上に過不足がある場合、鑑定評価額に影響を与えます。これは本来、資料提供を適切に行っている限りにおいて、不動産鑑定会社側のエラーです。しかしながら、アセットマネジメント業務との関係では、このエラーを回避する義務（エラーがないことを確認する義務）は発注者であるアセットマネージャーが負担する、と理解されています。よって、いくら専門家に任せているとしても、その意識は捨てて批判的にこのチェックを行う必要があります。アンテナ設置料収入が見落とされていたであるとか、建物管理費として新規見積りのものでなく従前契約の数量を（合理的な理由なく）採用していたとか、そういったエラーがあり得ます。

• ロジックの確認

鑑定評価では、入手した各資料を確認し、その個別の事象が不動産の価格形成に影響する要因か否かを判断し、これを数値化して評価に織り込んでいきます。それらの中には、「不動産の価格形成に影響する要因ではあるものの、量的に軽微であるため評価額に影響しない」要因も含まれます。こういった場合に、「その要因をどのように取り扱ったか」、「その取り扱いに合理的な説明が付されているか」を確認することが必要です。これらを欠く場合、情報の見落としや評価の誤りなど事後的な疑義が生じかねません。そして事後的にこれらを確認したとき、説明がうまくつかないことも少なくありません。よって、あらかじめ各判断（価格形成に影響する / しないの判断、定量化の際の判断）については、鑑定会社に照会しておき、その説明を評価書内に記載することを求めるべきです。鑑定会社は自己判断で理由記載を省略することもありますし、定量化など説明が難しい事項については、ぼんやりとした定性的説明でやり過ごそうとすることもあります。しかしながら、「説明力のある鑑定評価書の取得がアセットマネージャーの責務」だという前提に立てば、これらのぼんやりとした説明はむしろ見過ごすべきではない事項です。なお、不動産鑑定評価基準では「証券化対象不動産の鑑定評価書については、依頼者および証券化対象不動産に係る利害関係者その他の者がその内容を容易に把握・比較することができるようにするため、鑑定評価報告書の記載方法等を工夫し、および鑑定評価に活用した資料等を明示することができるようにするなど説明責任が十分に果たされるものとしなければならない*」とされており、不動産鑑定士は説明責任を負担していますので、（過剰なものでない限り）根拠等の説明や付記を求めることは不適切とはいえません。

また、鑑定評価書における査定値は、その根拠を示す事例資料が明示されます。例えば、賃料については査定根拠となる賃貸事例が付され、CAP レートについては利回り事例が示されます。こうした事例資料をもって、査定値の妥当性をサポートし、合理的評価であることが示されます。しかしながら一部ではこれら事例資料の添付が形骸化し、まったく（少なくとも補足説明なしでは）査定値の妥当性が示されていないことがあります。その場合、事例資料は鑑定評価額の妥当性をサポートするものでは

＊…しなければならない：不動産鑑定評価基準 各論第３章「証券化対象不動産の価格に関する鑑定評価」第１節「証券化対象不動産の鑑定評価の基本的姿勢」Ⅱ「不動産鑑定士の責務」。

なく、むしろ信頼性の低下や疑義を発生させるものとなります（例えば、事例資料が4.0％から4.2％の利回りであった場合に、対象不動産に3.5％の利回りを査定したとしても、まったく説得力を持ちません）。よって、こうした行間が生じている場合には、事例の差し替えあるいは行間を埋めるための補足説明の付記を求めるなど、事後的に疑義が発生しないよう手立てを講じておくことが必要です。なお、鑑定会社への照会は鑑定評価に対するチェックを行った（善管注意義務を果たした、または果たそうとした）証跡になるので、QAシート等で記録し、保管しておくことが適切です。

• **計算の確認**

情けないことですが、鑑定評価書内の計算が誤っていることも（多くはないものの）あり得ます。鑑定評価は基本的に、鑑定会社各社で作成したエクセルシート上で行います。シート内に設定されている計算式は慎重に検討が重ねられたものであり、基本的な考え方自体が誤っているということはほとんどありません。しかし、実際に各鑑定士が評価を行う場合、バリュエーションの現場と同じく、セルの参照漏れや、計算式の不適切な修正が生じてしまいます。例えば、「DC法の収入項目の1つが総収入を計算するうえでの集計対象から外れていた」、「DCF法で特定の行自体が計算対象に含まれていなかった」というような（ある意味では単純な）ミスがあります。

当然、鑑定会社側もこうしたミスを防ぐため、ダブルチェックを行うなどの方法を取り入れています。しかし、これがうまく機能せず、計算に誤りのあるドラフトが展開され、場合によってはそれがそのまま鑑定評価書として発行されてしまうこともあります。

こうした事態を防ぐためには、発注者自らが再計算を行うしかありません。DC法では各収支項目の計算根拠が（ある程度は）明示されています。また、NCFまでは足し算引き算、収益還元は割り算というシンプルなものです。よって、これらは電卓で容易に検算できるので、自身で電卓を叩き、計算の正誤を確認することが可能です。もっともDCF法はセル数が多く、収支の変動計算等を追うのはかなり大変ですので、それなりに大きなリソースを必要とします。

このような確認を、アセットマネージャー自らがどこまでやるか、という問題はあります（工数がかかり、生産性を下げてしまうので、この計算確認をすべて行うべきとする考え方には賛成しません）。しかし、計算過程をまったく確認しないというのはやはり危険です。「鑑定会社のミスであって、うちの（アセットマネージャーの）ミスではない」という抗弁が、果たして投資主や当局に通じるか？　ということです。

Column　確認評価書の確認

経験上、鑑定評価書に対して最も執拗な確認を求めてくるのは、国有財産の評価の場合です。主に財務局等が国有財産の払い下げを行う場合に、価格の参考として不動産鑑定評価を取得します。この場合の鑑定評価は、国の財産の処分の参考として用いられるものであり、処分価格の妥当性は厳しい国民の目にさらされます。これに備えて、各財務局では鑑定評価書に対して厳しいチェックが行われ、採用資料の妥当性や計算の妥当性、判断などについて事細かに確認を求めます。１物件で 50 近くの QA が行われることさえあります（難しい類型でしたが、これは単に力量の問題だったかもしれません）。定量化にあたっての照会も含めて質疑は執拗で、大変鍛えられた経験です（二度とやりたくはありませんが）。

アセットマネージャーの責任は、当局においてはこれと類似する解釈がなされているように思われます。すなわち、投資主の資金を預かるアセットマネージャーは、国民の財産を預かる財務局と同じく高度な責任を負担している。そして、取得・売却などの判断材料として取得する（少なくともそういう体がとられている）鑑定評価書は、適切に確認しなければならないものである。よって、アセットマネージャーは（財務局と同等に）深度ある鑑定評価書の確認が必要である――というものです。もちろん財務局内の課は異なるので（金商法は理財課、国有財産払い下げは管財課）こうした考え方がどの程度共有されているかはわかりません。しかしながら、確認責任の根拠としてのこの解釈は当たっているように思われます。もちろん、負担する責任は、「助言」と「運用（一任）」とで、あるいは「投資主が適格機関投資家に限定された私募」と「個人投資家も対象とする上場リートや STO を用いた不動産ファンド」とで、それぞれ異なるべきではないか――という論点はあります。

- **自社バリュエーションとの乖離の確認**

鑑定評価書も、アセットマネジメント会社等が行うバリュエーションと同じく、査定項目が多く含まれます。例えば、賃料の査定や、空室率の査定、CAPレートの査定がこれに当たります。こうした項目について、当然に鑑定評価とバリュエーションとでは見積りの相違が生じ得ます。これが極端に大きい場合、やはりその乖離は妥当か（査定値であるにせよいずれかが過大または過少で誤っているのではないか）という論点が発生します。もちろん、各数値の見立ては様々ですので、一致するのが当然というわけではありません。しかしながら、乖離はあり得るにしても限度はあります。自社バリュエーションのCAPが3.0%であるときに、鑑定評価のCAPが4.0%であった場合、やはりそのいずれかの査定に疑義が生じるのは当然です。

こうした乖離については、査定に乖離が発生した原因を確認し、合理的な説明がつくか否かを明らかにすることは、やはり必要でしょう。業界で行われている模擬検査でも、こうした指摘はよくなされています。ただし、確認を要する乖離幅がどの程度のものかを見極めるのはとても難しい問題です。例えば、バリュエーションにおける査定賃料が20,000円/坪、鑑定評価の査定賃料が15,000円/坪であったとき、これを確認対象としなければ検証の意味がないのは明らかです。一方で、バリュエーションにおける査定賃料が16,000円/坪、鑑定評価の査定賃料が15,000円/坪であった場合には、その乖離に理由づけをするのは極めて困難でしょう（感覚的には、将来予測次第でどちらもあり得る水準です）。このように、検証を要する乖離幅については解釈による部分が大きいため、特にコンプライアンス部門の強いアセットマネジメント会社においては、しばしば論点となります。

Column　アクセルとブレーキ

　不動産証券化業界を取り巻く監督組織としては、許認可の権限を持つ金融庁をはじめとして、業界団体である日本証券業協会や（一社）投資信託協会があります。適正な業務運営を管理・監督すべく、これらの組織によって、アセットマネジメント会社等に対する検査が行われ、さらには自主的に民間による模擬検査が行われることもあります（特に、一般的に義務負担が大きいと解釈されている投資法人運用会社においては、この採用が多いようです）。模擬検査を受ける趣旨は、これらの団体による検査での指摘を回避する（結果として処分を受ける可能性を減らし、レピュテーションを守る）ことを目的とするものですが、「本当にここまで必要なのか？」という疑問はよく耳にします。

　法令遵守はもちろん重要なことですが、様々な指摘に万全に備えるためには多くの工数が必要となります。経緯や判断プロセスの証跡化、手続き漏れを回避するためのマニュアルの作成、マニュアルに従ったプロセスを経たことを証するための帳票類の作成などが必要となります。さらに、新たな手続き漏れの確認等をきっかけとして、こうしたマニュアルや帳票類、社内手続きはどんどん肥大化していきます。当然、この対応には多くの工数が費やされます。

　例えば、売買時のクロージングには多大な工数がかかります。これには、売主・買主や外部関係当事者に対するアクションと、内部手続きに要するアクションとがあります。証跡や内部プロセスに対する要請が強い場合、クロージングにかかる工数（内部手続きに関する工数）も当然に増加します。これが過大なものとなった場合、当然に業務を圧迫し、成長を阻害することすら生じます（平たくいえば、内部手続き履行に専従せざるを得なくなり、売買担当者は身動きがとれなくなります）。

　工数の増加はリソースを必要とし、リソースが限定されている中でこれが生じれば、余力がなくなるのは当然のことです。もちろん手放しではアクセルがどんどん踏み込まれ、事故が生じることも考えられます。よって、適切なプロセスを経る目標を持つことは当然です。しかしながら、内部工数がかかりすぎる場合、ブレーキがかかりすぎて前に進まなくなります。放っておくと、かかる工数はどんどん肥大していきます。

　内部工数増加によるリスク低減と、リソース活用による成長とは、トレードオフの関係に立つものです。これは現場でコントロールできる（またはすべき）ものではありません。どの程度の備えをするか（どのレベルの堅牢（けんろう）性を求めるか）は、経営に属する課題として、マネジメント層自身が最適化を図るべき問題です。

6-3 その他鑑定評価取得上の留意点

物件取得時における鑑定評価は、プロセス上、売買実行日前に行われます。よって、このタイミングではPBM契約は締結されておらず、保険料は（タイミングによっては）確定しておらず、当該年度の公租公課も未通知の可能性があります。したがって、取得後初回の継続鑑定評価においては、これらの情報の追加があるので、関係する資料の提供漏れがないよう、初回と同等の注意をもって鑑定評価取得の手続きをとる必要があります。また、このタイミングでは、担当者の変更（取得担当者から運用担当者へ）も生じ得ます。よって、資料提供について、物件取得時の鑑定評価の際に提供していたであろうという思い込みが生じる余地があります。こうした点において、情報提供漏れが生じる可能性が高まるタイミングですので、物件取得時と変わらない注意を払うことが肝要です。鑑定会社側でも、こうしたミスを防止するため、1回目の継続鑑定は取得時鑑定と同等の注意を払う仕組みを取り入れている先もあります。

Column 鑑定評価の信頼性

鑑定評価は究極的には計算ですので、技術的にはどんな計算結果を算出することはできます。高い賃料と低いＣＡＰレートを採用すれば、高い鑑定評価額が得られますし、安い賃料と高いＣＡＰレートを採用すれば、低い結果が得られます。しかしながら、ストライクゾーンから離れれば離れるほど、説得力は落ちていきます。現状賃料と乖離し、賃貸事例でもサポートされていない（またはされていると断言しがたい）賃料査定が行われている場合、説得力は落ちます。グレードのまったく異なる利回り事例を補正せず利回り査定を行っている場合、説得力は当然に落ちます。こうした点が重なり合うことにより、できあがった鑑定評価書は、信頼性が高いものにもなれば、低い（と言わざるを得ない）ものにもなります。

鑑定会社も説得力の低い評価書は出

したくないので、受命する範囲としない範囲との線引きをします（感覚的には、この線引きの厳しさは、鑑定会社のブランド力に概ね比例します）。クライアントの要望にはなるべく応えたいと思いながらも、謝絶せざるを得ないこともあります。謝絶が続くと、相談を受けることも少なくなりますので、鑑定会社にとってもこのバランスの取り方は難しいものです。

証券化実務上は、鑑定評価書の説得力の区別は認識すべきです。そして説得力が低い評価書を利用する場合には、相当のリスクを負担することになることに、注意が必要です。ユーザーフレンドリーが過ぎた評価書を重要な局面で利用してしまい、とんでもない目にあう事例もあります。本来サポートしてくれるはずの鑑定評価書が足を引っ張ってしまうことさえ起こります。

Column　土地建物価格内訳と鑑定評価

証券化ビジネスにおいて、**不動産鑑定評価**は、土地建物簿価の根拠として用いられます。建物簿価の大小は、減価償却の大小を通じて会計上の損益に影響します。したがって、特に会計上の利益を分配する商品設計（投資法人スキームやROEベースでの利益分配を行うファンドなど）では、この点で鑑定評価の影響を強く受けることとなります。

鑑定評価においては、土地建物価格内訳を求める方法として次のものがあります。

①**割合法**：積算価格における土地建物価格割合をもって内訳価格を決定する方法
②**土地価格控除法**：鑑定評価額から土地積算価格（≒比準価格）を控除した金額を建物価格とする方法
③**建物価格控除法**：鑑定評価額から建物積算価格を控除した金額を土地価格とする方法

市況過熱時には、鑑定評価額（≒収益価格）が積算価格を上回るのが通常です。よって、分配金を大きくする（≒減価償却費を小さくする）ことを目的とすれば、③の建物価格控除法を用いるのが最適です。例えば、土地積算価格100、建物積算価格100、鑑定評価額（≒収益価格）300としたときに、①だと建物価格は150、②だと建物価格は200、③だと建物価格は100となり、③において建物価格が最も小さくなります。

この内訳価格決定に関しては、関連する各実務分野で様々な見解が出されています。

まず不動産鑑定分野では、「不動産鑑定士によって割合法または控除法といった異なる手法がとられ、これらが依頼者側のニーズに即して使い分けられることは厳に回避されなければならない*」とし、これらの方法を安易に使い分けることを禁じています。

次いで税務分野では、「土地建物価格内訳について、取得時の契約において、土地建物価格が区分されている場合その価格」とされています*。よってこれに従えば、内訳根拠にかかわらずPSAで定めた金額をもって処理すれば足りることになります（疑義を回避するため付言すれば、「PSAで記載さえしてあれば、どんな水準であっても否認されない」という解釈は適しません）。

さらに会計分野では、「特別目的会社が取得した不動産を建物と土地に区分計上する際に、全体の取引価額を鑑定評価書に記載されている積算価額の建物土地比率により建物と土地に按分する方法や、鑑定評価書における建物積算価額を建物価額とし、全体の取引価額から当該建物価額を控除した金額を土地価額とする方法等がありますが、全体の取引価額が全体の積算価額を上回る場合には、後者の方法では、当該乖離する金額を土地のみに計上することとなり、その場合には建物の取引価額が低くなる可能性があるため、監査上、適正な配分結果となっているかについて留意する必要があり（以下略）」*としています。「（建物）控除法は適否判定が難しいため、割合法の方がより適しているよね」というメッセージだと一般には解釈されています。

これらの結果として、売買実務上は、「不動産鑑定評価における積算価格割合により、土地建物内訳価格を決定する」という処理が採用されています。統一的な処理がなされるとはいえ、結果として特に築年数の浅い建物は建物価格内訳が上昇し、減価償却費が拡大します。よって、（減価償却による資金留保効果は得られるものの）運用各年度の会計上の利益が小さくなることによって分配金が作れなくなり、結果として新築の物件は取得しづらいという極めておかしな現象が生じてしまっています。コア投資である投資法人スキームにおいて、より安定性の高いはずの築浅の物件が買いづらいというのは、制度設計上の問題ではないかと思われます。誰に意見すればいいのかわかりませんが。

*…**ならない**：公益社団法人日本不動産鑑定士協会連合会「開発型証券化における鑑定評価にかかる留意事項および土地・建物の内訳価格の算定にかかる対応について（通知）」（平成20〈2008〉年5月20日付・鑑43号）添付の「土地・建物の内訳価格の算定にかかる対応について」

*…**とされています**：資産税課情報 第25号 平成12（2000）年8月29日 国税庁資産税課「建物と土地を一括で取得している場合の『建物の取得価額』について」

*…**留意する必要があり**：日本公認会計士協会 監査・保証実務委員会実務指針第90号「特別目的会社を利用した取引に関する監査上の留意点についてのQ&A」（2019年7月19日改正）Q 7A(3)

Column　割合法の計算

鑑定評価上の**原価法**＊において、「土地価格が高く、建物価格が低く」算定されれば、割合法における建物割合は下がります。反対に「土地価格が低く、建物価格が高く」算定されれば、割合法における建物割合は上がります。これに影響する評価プロセスとしては、主に以下のものが考えられます。

・土地価格（土地比準価格）

①取引事例の選択（採用する取引事例に応じて、土地比準価格は左右されます）
②要因補正（要因補正の程度に応じて、土地比準価格は左右されます）
③建付増減価補正（建付増価補正を施せば土地比準価格は上昇し、建付減価補正を施せば土地比準価格は低下します）

・建物価格（建物積算価格）

①建物再調達価格の査定（建物再調達価格は、特異な場合を除きエンジニアリング・レポートにおいて算出された価格を用いることから、この調査結果に応じて、建物積算価格は左右されます）
②減価修正（定額法・定率法等の選択に応じて、建物積算価格は左右されます）
③観察減価の適用（観察減価で建物の減価を判定するか否かによって、建物積算価格は左右されます）

これらはあくまで「何が価格割合に影響するか」を示したものにすぎません。通常認められない査定を行った場合、不当との扱いを受けるおそれがあるので注意が必要です。合理性に乏しい処理をした場合、「近隣で取引事例があるにもかかわらず、なぜこんな広域から（取引単価の高い）事例を採用したのか」、「なぜこの物件だけ（既存不適格でないにもかかわらず）建付増価を行っているのか」といった指摘が事後的に生じます（監査法人や模擬検査機関は忖度（そんたく）なく指摘します）。

＊**原価法**：鑑定評価手法の１つであり、対象不動産の再調達原価に減価修正を行って評価する方法。

索引

【あ】

【か】

【さ】

【た】

【な】

【は】

【ま】

【ら・わ】

【アルファベット】

【著者紹介】

竹永　良典（たけなが　よしのり）

証券化ビジネス黎明期において株式会社新生銀行でノンリコースローン業務に携わる。
株式会社シンプレクス・インベストメント・アドバイザーズにてアクイジション・クロージングを担当（累計1兆円）。
飛鳥リアルエステートアドバイザリー株式会社にて、AM各社に対してクロージング支援業務を提供（累計6000億円）。
不動産鑑定士、国際資産評価士（機械・設備）。
著書：『不動産証券化ビジネスの教科書［クロージング実務入門］』（2022年7月 秀和システム刊）

飛鳥リアルエステートアドバイザリー株式会社

不動産投資法人運用会社、不動産ファンド運用会社等のプロフェッショナルに対してクロージング支援・サービスを提供するコンサルティングファーム。組成支援先5銘柄を含め、15銘柄を超える投資法人に対し、継続的支援を展開。

不動産証券化ビジネスの教科書
［バリュエーション実務入門］

発行日　2024年 2月 1日　　第1版第1刷

著　者　竹永　良典
編　著　飛鳥リアルエステートアドバイザリー株式会社

発行者　斉藤　和邦
発行所　株式会社　秀和システム
〒135-0016
東京都江東区東陽2-4-2　新宮ビル2F
Tel 03-6264-3105（販売）Fax 03-6264-3094
印刷所　三松堂印刷株式会社　Printed in Japan

ISBN978-4-7980-7060-5 C2034